BIBLIOTHÈQUE

DES VOYAGES

In-18 jésus

PROPRIÉTÉ DES ÉDITEURS

 LA SUISSE ALPESTRE

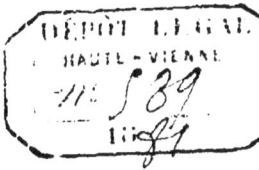

LA
SUISSE ALPESTRE

CANTONS DU NORD-EST

CANTONS FORESTIERS — GRISONS — VALAIS

OBERLAND BERNOIS

Par un Professeur bernois

TOME SECOND

LIMOGES
Marc Barbou & Cie, IMPRIMEURS-LIBRAIRES

Rue Puy-Vieille-Monnaie

—

1881

LA SUISSE ALPESTRE

X

Après Lucerne, visitons Schwytz. Nous prendrons la voie du lac comme la plus commode, la plus belle, sans être la moins couteuse. Nous verrons ainsi les trois quarts de ce lac des Quatre-Cantons ou des *Cantons forestiers*, illustré par tant de hauts faits, et nous débarquerons au port de Brùnnen.

De ce point, nous prenons la ligne de fer qui passe tout auprès de Schwytz, capitale du canton du même nom. N'oublions pas que le nom de *Suisse*, *Schweizer*, donné au peuple des 22 Cantons, sort de ce petit pays de Schwytz, si grand toutefois dans l'histoire de l'Helvétie.

CANTON DE SCHWYTZ

SITUATION, ETENDUE, CLIMAT. — Le canton de Schwytz est limité, au nord, par le lac de Zurich; à l'est, par les cantons de Saint-Gall et de Glaris; au sud, par le canton d'Uri et le lac des Quatre-Cantons; à l'ouest, par les cantons de Lucerne, Zug et Zurich. Sa population est de 50,000 habitants, La partie méridionale du pays jouit d'un climat assez doux, quoique sujet à de grandes variations.

MONTAGNES, VALLÉES, RIVIÈRES. — Les montagnes du canton de Schwytz, n'atteignent qu'une hauteur moyenne. Les deux chaînes qui le séparent des cantons d'Uri et de Glaris, ne dépassent que sur quelques points 7,000 pieds. Le canton comprend trois vallées principales : celle arrosée par la *Monotta*; celle *d'Einsiedlen* où coule la *Sihl;* enfin, la vallée de *Wœggi*, où coule la petite rivière de *l'Aa*, qui se jette dans le lac de Zurich. — On trouve en outre, dans le canton de Schwytz, deux ou trois montagnes isolées : la chaîne du *Rigi* ou *Righi*, dont le point culminant est élevé de 5,550 pieds; le *Rossberg*, entre le lac de Zug et celui d'Egeri, 4,870; et le *Hohe-Rohne*, au sud de la Sihl, 3,650. Plusieurs monts, le Righi, le grand Mythen, l'Etzel et le Hohe-Rohne, sont renommés pour leurs vues étendues.

Lacs. — Le canton possède la partie des rives du lac des Waldstætten comprise entre le promontoire appelé *Nase supérieure* et le village de Sissigen, au pied de l'Achsenberg, ainsi que le fond du golfe de Küssnacht; une partie des rives du lac de Zurich avec les deux petites îles d'Ufenau et Lützelau, lui appartient aussi, de même que la rive méridionale du lac de Zug. Entre Schwytz et Arth, on trouve le petit lac de Lowerz, long de près d'une lieue et large d'un quart de lieue.

Bains, Eaux Minérales. — On trouve à Seewen, au bord du lac de Lowerz, une source ferrugineuse que l'on fréquente pendant la belle saison. Il en est de même de l'établissement de Nuolen, sur les bords du lac de Zurich, dont les sources sont alumineuses. Il existe à Yberg une source sulfureuse abondante, qui coule dans une fontaine pour l'usage du public. Sur la pente nord du Haken, jaillit une eau sulfureuse dont on a fait usage autrefois. Sur la route de Gersau, au sommet du Righi, on rencontre l'établissement de la Righi-Scheideck, avec une source ferrugineuse.

Histoire Naturelle. — La race bovine du canton est renommée et passe pour la plus belle de la Suisse. Les vaches sont noirâtres ou brunes, ont les jambes courtes, et la peau mince. Elles sont inférieures pour la taille à celle du Simmenthal et de la Gruyère; mais les plus gros bœufs qu'on ait vus en Suisse ont été élevés dans la vallée de la Sihl. Einsiedlen élève et exporte de bons chevaux. On ne trouve dans le canton que très-peu d'animaux sauvages; les chamois n'y paraissent que sur les hautes montagnes frontières de Glaris; la marmotte n'habite que dans quelques endroits élevés. Les lacs sont très-poissonneux; la Sihl et la Muotta fournissent d'excellentes truites.

L'agriculture est peu développée dans le canton, bien que plusieurs contrées y soit très-fertiles, telles que les environs de Schwytz, d'Arth et de Lachen. Mais on y préfère la vie pastorale; aussi, ne voit-on guère, dans le canton, que des pâturages et des prairies. On y voit aussi une grande quantité d'arbres fruitiers, surtout près de Schwytz, et dans la Marche, qui n'est, jusqu'à mi-côte des montagnes, qu'un vaste verger; aussi, au printemps, l'air y est-il embaumé, et la contrée présente-t-elle un coup-d'œil charmant. Il croît quelques vignes près du lac de Zurich, surtout près de Pfæffikon et Wollerau; il y a aussi quelques treilles à Gersau. Le canton possède encore de grandes forêts, surtout dans le district de Schwytz et sur les hauteurs qui dominent le lac de Zurich. On y voit aussi de vastes tourbières, particulièrement près d'Altmatt et d'Einsiedlen. Sur les revers méridionaux, et particulièrement sur celui du Righi, on rencontre un assez grand nombre de plantes des pays chauds.

La plus grande partie des montagnes du canton sont composées de couches de brèche alternant avec des couches de grès; tel est en particulier, le Righi, qui est une des montagnes les plus intéressantes pour le géologue; la brèche contient des cailloux roulés de toutes grandeurs, depuis celle d'un grain de sable jusqu'à des blocs de 50 pieds cubes. Les pierres roulées qu'on trouve dans ces brèches sont très-diverses : granit, gneiss, porphyre, schiste siliceux, silex, roche calcaire primitive ou commune, etc. Sur le revers méridional du Righi, on voit aussi quelques couches calcaires d'un gris foncé. Le calcaire domine dans la chaîne qui touche au canton d'Uri. Les montagnes de Schwytz, surtout celles du Wæggithal, contiennent beaucoup de fossiles et de pétrifications très-curieuses. On trouve du marbre près de Schwytz et d'Einsiedlen, dans le Wæggithal et ailleurs.

Antiquités. — Les seules traces de la domination romaine dans le canton sont des monnaies trouvées en divers lieux. Il y a une vingtaine d'années, on a trouvé à Küssnacht 4,000 pièces de cuivre, la plupart de l'empereur Gallien, des années 259 à 268. Mais les restes du moyen-âge sont encore assez nombreux; ainsi l'on voit, dans l'île de Schwanau, une tour carrée qui appartenait au château détruit en 1308. Une grande masse de décombres indique la place qu'occupait celui de Brunnen; il en est de même du manoir de la famille Reding à Biberegg.

Histoire. — Comme le habitants d'Uri, ceux de Schwytz furent, à ce qu'on croit, convertis au christianisme par saint Béat. Il paraît qu'au commencement du 9ᵉ siècle, ils se placèrent sous la protection du roi Louis-le-Germanique, en faisant la réserve de **toutes** leurs anciennes franchises. En 1114, un différents s'éleva entre eux et l'abbé d'Einsiedlen au sujet de limites de leurs pâturages. La sentence inique rendue par l'empereur Henri V les engagea à contracter, l'année suivante, avec Uri et Unterwald, un traité d'alliance, qu'on peut regarder comme la base de la Confédération helvétique. En 1251, Schwytz s'allia avec la ville de Zurich, afin de pourvoir à sa sûreté pendant l'interrègne anarchique qui suivit la mort de Frédéric II. En 1257, ils prirent pour protecteur le comte Rodolphe de Habsbourg. Mais Albert, fils de Rodolphe, envoya dans les Waldstætten des baillis qui gouvernèrent despotiquement et donnèrent lieu à la conspiration du Grütli, laquelle eut pour suite l'affranchissement des trois cantons.

Pendant les siècles qui suivirent, Schwytz prit part aux guerres que les Suisses eurent à soutenir contre des souverains étrangers, ainsi qu'aux guerres civiles qui éclatèrent dans le sein de la Confédération. En 1798, cette peuplade de bergers brava la puissance de la République française et résista avec un héroïsme digne des temps antiques aux bataillons de Schauenbourg. On vit alors sa population prendre les armes pour repousser les Français et la Constitution unitaire qu'ils voulaient imposer au canton. On vit même les femmes s'atteler à des canons transportés de Lucerne à Brunnen, et les amener aux combattants. Le général français rendit justice au courage des vaincus et accorda une capitulation honorable, qui fut acceptée le 4 mai par la Landsgemeinde armée. Schwytz dut accepter la Constitution helvétique et faire partie du canton des Waldstætten. L'année suivante, l'approche des armées ennemies des Français inspira aux Schwytzois l'espoir de secouer le joug de ces derniers. Le 28 avril, on se battit dans les rues du bourg, et les Français furent obligés de s'embarquer à Brunnen; mais le général Soult ne tarda pas à entrer par le nord du canton, et arriva, le 3 mai, à Schwytz.

En automne 1802, Aloys Reding fut élu premier landammann du nouveau canton des Waldstætten. Bientôt, Schwytz, de concert avec Uri et Unterwald, déclara se séparer de la République helvétique. Plus tard, il se tint à Schwytz une Diète des trois cantons et de ceux de Glaris et d'Appenzell. Enfin, par l'acte de médiation, le canton de Schwytz fut rétabli, mais l'égalité des droits fut maintenue pour les anciens districts sujets. A la suite de cette époque désastreuse, une grande partie de la population de Schwytz avait été réduite à la misère. Mais le canton s'est remis assez promptement de ses désastres, comme c'est l'habitude chez les peuples pasteurs.

Le 30 avril 1815, la Landsgemeinde accepta le Pacte de 1815, sous quelques conditions, mais en restreignant les droits des districts extérieurs, sous prétexte que quand il avait accordé l'égalité, le peuple n'avait pas été libre, mais était contraint par les circonstances. Lorsqu'en 1830 et 1831, des changements politiques eurent lieu dans plusieurs cantons aristocratiques, ces districts extérieurs réclamèrent l'égalité qui leur avait été octroyée en 1798, et, malgré l'opposition de l'ancien pays, ils rédigèrent une Constitution particulière, qui fut acceptée par eux le 6 mai 1832. Le district de Kussnacht n'étant pas unanime pour sa réunion aux districts extérieurs, un corps de 600 hommes de l'ancien canton y fut envoyé, le 31 juillet, pour appuyer les citoyens qui prenaient parti pour celui-ci. La Diète résolut de faire occuper le canton par des troupes fédérales, et cette occupation fut effectuée sans résistance ni effusion de sang. Enfin une Landsgemeinde cantonale, tenue à Rothenthurm, prêta serment à la Constitution, et élut les trois premiers magistrats du pays.

Schwytz, ainsi qu'Uri et Unterwald, fut au nombre des cantons qui protestèrent, en 1843, contre la suppression de quelques couvents d'Argovie. Lorsque Lucerne, en 1844, voulut appeler les jésuites, Schwytz prit parti contre les cantons qui formèrent opposition. Il entra donc dans la ligue du Sonderbund; mais, après l'occupation de Lucerne, il dut aussi capituler, et il fut occupé par les troupes fédérales, le 28 novembre 1847.

CONSTITUTION. — D'après la Constitution de 1833, la Landsgemeinde générale, composée de tous les citoyens depuis l'âge de 18 ans, se tient tous les deux ans, à *Rothenthurm*, le premier dimanche de mai. Elle nomme le landammann, le statthalter et le trésorier ; elle vote sur les lois proposées par le Grand Conseil, et donne les instructions pour les députés en Diète. Un Grand Conseil, nommé par les districts, *proportionnellement à leur population*, est élu pour six ans et renouvelé par tiers. Un Conseil d'Etat est composé des trois premiers magistrats et de 36 membres, répartis entre les districts d'après leur population. Il y a, en outre, une Commission Exécutive, composée du landammann et de cinq membres pris dans le Conseil d'Etat.

INSTRUCTION PUBLIQUE. — On accorde plus de soins qu'autrefois à l'instruction publique, depuis la Constitution de 1833, laquelle a prescrit que l'Etat devait pourvoir à l'éducation du peuple. Il y a, dans chaque district, une Commission scolaire. Chaque commune a une école ; les maîtres sont ecclésiastiques ou laïques. L'instruction n'est gratuite que dans quelques communes. Il y a aussi un petit nombre d'écoles privées. Il existe à Einsiedlen un établissement pour les sourds-muets, fondé par un maître d'hôtel dont la fille était affligée de cette infirmité, — Schwytz possède un Gymnase. Il y a aussi, dans le couvent d'Einsiedlen, un Lycée où professent des ecclésiastiques.

CULTE, COUVENTS. — La religion catholique est seule professée dans le canton, qui dépend de l'évêché de Coire. On y compte trente églises paroissiales, dont la plus ancienne doit être celle d'Yberg ;

l'abbaye d'Einsiedlen ou de Notre-Dame des Ermites, de l'ordre des bénédictins.

COMMERCE, INDUSTRIE. — La plus grande partie de la population se voue à la vie pastorale. Une grande partie des fromages s'exporte; mais ils ne jouissent pas de la même réputation que le bétail, car une partie des pâturages de Schwytz ne sont pas comptés au nombre des meilleurs. Le commerce de Schwytz comprend encore des eaux-de-vie, une grande quantité de tourbe envoyée d'Einsiedlen à Zurich, et les produits des fabriques. Gersau possède des fabriques de coton et de soie, particulièrement de rubans. Brunnen a une filature de soie. La Marche possède deux filatures. Wollerau a une filature et une papeterie, et Einsiedlen plusieurs imprimeries, qui font paraître et débitent des livres de prière et d'édification en diverses langues.

HOMMES DISTINGUÉS. — Le premier nom qui mérite d'être rappelé, est celui de *Werner Stauffacher*, qui fut un des trois fondateurs de l'indépendance. Il était issu d'une famille aisée, et fils de Rod. Stauffacher, ancien landammann de Schwytz.

Stauffacher, comme on le sait, s'entendit avec Walter Fürst et avec un jeune Unterwaldois du Melchthal, qui, ayant frappé un valet du bailli Lendenberg, avait dû fuir de son canton.

La noble famille des *Reding*, originaire du hameau de Biberegg, près de Rothenthurm, a fourni une longue série de magistrats et de militaires distingués. En 1798, Aloys Reding fut nommé par acclamation commandant des troupes de Schwytz, Le landammann *Rœtzi* commandait l'avant-garde à la bataille de Morat.

Paracelse, né à Einsiedlen en 1493, fut un célèbre médecin. Après avoir parcouru les universités les plus savantes, il opéra quelques cures merveilleuses, qui répandirent bientôt son nom dans toute l'Allemage. Il fut appelé à Bâle pour professer la médecine. Il fit réellement progresser la chimie et la médecine, et mourut à Salzbourg en Autriche. *C.-H. Ab-Yberg* a écrit une histoire d'une partie du 17° siècle. *Placidus Raymann*, prince du couvent d'Einsiedlen, a laissé plusieurs volumes traitant de sujets historiques et diplomatiques.

Mœurs, Coutumes, Caractère. — Dans nul autre canton l'amour de la liberté et de la patrie n'est plus ardent ; nul autre n'est plus attaché à ses vieilles coutumes et à son ancienne foi. Les Schwytzois sont pleins de franchise, de loyauté et de bonhomie ; leur caractère est remarquablement vif et gai. Au milieu des époques les plus malheureuses de la révolution, on les a vu conserver leur gaîté. Quant aux habitants de la vallée d'Einsiedlen et des bords du lac de Zurich, ils ont moins de gaîté et sont plus froids et réservés ; le peuple d'Einsiedlen est généralement indolent ; sûr de voir affluer les pèlerins, il a une tendance à négliger le travail. Ce que les costumes, dans le canton de Schwytz, offrent de plus particulier, c'est la coiffure des femmes qui portent sur leur bonnet des espèces de crêtes en dentelles noires pour les filles, et blanches pour les personnes mariées.

Schwytz. — Le bourg de Schwytz, chef-lieu du canton, est pittoresquement situé au pied des Mythen et dans une contrée fertile et couverte d'arbres fruitiers. La population de la commune comprend 6,000 âmes, mais dont une partie seulement habite dans le bourg. L'église paroissiale ou de Saint-Martin, achevée en 1774, passe pour une des plus belles de la Suisse. Dans le cimetière, on voit la tombe d'Aloys Reding. L'Hôtel-de-Ville contient les portraits de 43 landammanns, à dater de l'an 1534; un grand nombre portent les noms de Reding, Ab-Yberg, Auf-der-Mauer, etc. Dans l'une des salles, on voit de belles sculptures à la manière gothique. On peut visiter aussi la belle collection de médailles de Hedlinger, appartenant à sa famille comme propriété déclarée inaliénable. Schwytz possède un hôpital, un arsenal, et même un petit théâtre.

Un peu au sud de Schwytz, est le village d'Ybach où s'assemblait autrefois la Landsgemeinde générale. Plus loin est Brunnen, le port de Schwytz; c'est un beau village, qui sert de dépôt pour les marchandises expédiées vers le Saint-Gothard ou qui en viennent.

Toutes les hauteurs qui entourent Schwytz offrent de très-beaux coups d'œil. Au nord-est de Schwytz s'élèvent les deux cimes escarpées du Mythen; l'ascension de la plus haute ne se fait pas sans difficulté, mais l'on y découvre un panorama qui l'emporte en beauté sur celui de Righi ; on y aperçoit la ville et le lac de Zurich qu'on ne peut voir de ce dernier. La montagne, surmontée des deux pics, porte proprement le nom de *Haken* (croc), et elle se prolonge vers le nord sous ce nom.

VALLÉE DE MOUOTTA. — Cette vallée est la plus pittoresque de tout le canton ; les montagnes y prennent des formes variées, et l'on y remarque plusieurs belles cascades. La Fronh-Alp, qui domine l'entrée de la vallée, offre un très-beau point de vue. On se rend en 8 heures de Mouotta à Glaris par le mont Pragel, élevé de 5,160 pieds.

Au-dessus de Mouotta, la vallée prend le nom de Bisi ; plus loin elle se bifurque, et l'on trouve deux autres sentiers qui conduisent dans le canton de Glaris, l'un par le vallon de la Glatt-Alp, où se trouve le joli lac de ce nom, l'autre par la vallée étroite et sauvage de la Karren-Alp.

LAC DE LOWERZ. — La route de Schwytz à Arth et au Righi passe à Sewen, puis longe la rive sud du joli lac de Lowerz. Au milieu de ce lac s'élèvent les petites îles de Lowerz et de Schwanau (Prairie des cygnes). Sur cette dernière, on voit les ruines pittoresques d'un château, qui fut détruit le 1ᵉʳ janvier 1308. Une jeune fille d'Arth avait été enlevée par le seigneur de Schwanau ; ses deux frères, aidés des Schwytzois, s'emparèrent du château et firent périr le ravisseur. A l'extrémité du lac, on arrive sur le vaste espace qui a été recouvert, le 2 septembre 1806, par la chute d'une partie du Rossberg. Une partie de l'éboulement atteignit même le pied du Righi et l'extrémité du lac de Lowerz. Les eaux refoulées s'élevèrent de 70 pieds, détruisirent une partie du village de Lowerz et causèrent des ravages jusqu'au lac des Quatre-Cantons. Les victimes du désastre furent au nombre de 457, y compris quelques voyageurs; 14 personnes furent retirées vivantes des décombres.

ARTH, KUSSNACHT. — Arth est un joli village, situé sur les bords du lac de Zug, entre le Righi et le Rossberg, mais il n'a rien à craindre des éboulements qui partent de cette dernière montagne. La route de Küssnacht côtoie le lac de Zug et les bases du Righi. Entre Immensee et Kussnacht, on passe près d'une chapelle qui a été remise à neuf depuis quelques années : c'est la fameuse chapelle de Tell, ornée de fresques, représentant quelques évènements de l'histoire nationale. C'est là que se trouvait ce chemin creux où Tell attendit Gessler; c'est là que le bailli, après avoir échappé aux fureurs de la tempête, fut atteint par la flèche vengeresse. Dans le voisinage, on voit encore quelques restes de murs qui doivent avoir fait partie d'un château démoli en 1308; c'était une des résidences de Gessler; c'est là qu'il avait l'intention d'enfermer Guillaume Tell, quand celui-ci, grâce à une soudaine tempête, vit rompre ses fers et parvint à recouvrer sa liberté. Les bateaux à vapeur de Lucerne viennent aborder à Küssnacht, dans la belle saison, et amènent des voyageurs qui se proposent de visiter le Righi.

RIGHI, NOTRE-DAME DES NEIGES. — On peut entreprendre de divers points l'ascension du Righi (1), le sentier qui part de Küssnacht est le plus rapide ; ceux qui partent de Lowerz, de Coldau ou d'Arth sont plus commodes ; ceux de Gersau, de Fitznau et de Wæggis, sur la pente méridionale, sont bons aussi ; mais en montant du côté du nord, où la vue est restreinte, on a l'avantage de se ménager une surprise pour le moment où on atteint le sommet. Le Righi n'est point une montagne, car son point culminant, le *Righi-Kulm* (sommet du Righi), n'est élevé que de 5,500 pieds, soit 4,210 au-dessus du lac des Quatre-Cantons ; mais sa position isolée et à peu près au centre de la Suisse, en fait une des stations les plus favorables pour embrasser d'un coup d'œil un horizon de 100 lieues de circonférence. Bien qu'on prétende faire dériver le nom du Righi de *Mons Regius*, Mont royal, ou de *Mons Rigidus*, Mont escarpé, l'origine de la réputation de cette montagne paraît être la source froide près de laquelle est établi le *Kaltbad* (Bain froid). Jusqu'en 1760, ce n'était guère que les habitants du pays et des contrées voisines qui montaient au Righi ; plus tard, les étrangers commencèrent aussi à s'y rendre ; maintenant on évalue le nombre des visiteurs à 10,000 par an.

(1) On y monte aujourd'hui par un chemin de fer d'un système particulier.

L'hôtel du *Righi-Kulm*, rebâti à neuf en 1850, est à quelques pas au-dessous du sommet; une demi-heure ou trois quarts d'heure plus bas, on en trouve plusieurs autres. Il convient d'arriver vers le soir sur la montagne, afin de pouvoir y assister au spectacle du coucher, puis à celui du lever du soleil. Une légère lueur qui paraît à l'orient annonce le jour naissant; elle se change bientôt en une ligne dorée s'étendant le long de l'horizon et projetant un reflet d'un rouge pâle sur les cimes les plus élevées des glaciers de l'Oberland bernois. Toutes les cimes se dorent l'une après l'autre; on voit apparaître forêts, lacs, collines, villes et villages; mais tout ce vaste ensemble garde encore un aspect glacé, jusqu'à ce qu'enfin le disque rouge du soleil, se dessinant derrière les montagnes, s'élève rapidement et ranime de ses rayons l'immense panorama. On est quelquefois témoin, sur le Righi, d'un phénomène singulier : lorsque les nuées s'élèvent perpendiculairement du fond des vallées opposées au soleil, les personnes ou les objets placés sur le Righi projettent sur les nuages des ombres gigantesques, entourées d'une vapeur qui se colore parfois des teintes de l'arc-en-ciel. Si la nue est épaisse, l'image est double.

Avant d'arriver au Righi-Kulm, on passe près de l'auberge du *Staffel* où l'on commence à apercevoir une partie du panorama. Un peu au-dessus de ce point, on peut gravir le Rothstock, sommité haute de 5,140 pieds, d'où l'on a une vue très pittoresque sur la partie centrale du lac, qu'on ne voit pas depuis le Kulm. Près de l'auberge de la *Righi-Scheideck*, située sur le chemin de Gersau au Kulm, on voit aussi quelques détails qui ne sont pas aperçus depuis le sommet. L'établissement du Kaltbad a été incendié en 1850 ; il est maintenant reconstruit. C'est dans le voisinage que les bergers s'assemblent, le 10 août, pour se livrer à des exercices gymnastiques ; ces fêtes attirent un grand concours d'assistants.

GERSAU. — Le village de Gersau était autrefois, avec la république de Saint-Marin, dans la Romagne, le plus petit Etat libre de l'Europe. Son territoire avait deux lieues de longueur et une de largeur, à partir des bords du lac jusqu'au sommet de la montagne. Les Français le réunirent au canton des Waldstætten, et ensuite à celui de Schwytz. Plus tard, Gersau fit quelques démarches inutiles auprès de la Diète pour le rétablissement de son existence distincte. Il servit la cause des Suisses dans leurs guerres contre la maison d'Autriche. Actuellement, la population est de 1,600 âmes. Gersau, entouré d'un massif d'arbres fruitiers, offre un très joli coup d'œil. Il a quelques terrains cultivés au bord du lac. Ses pâturages et ses troupeaux sont sa principale richesse.

EINSIEDLEN, NOTRE-DAME DES ERMITES. — La grande route de Schwytz à Einsiedlen passe par Steinen, lieu de naissance de Werner Stauffacher. Sur l'emplacement de sa maison, hors du village, on a élevé, en 1100, une chapelle dont les fresques retracent quelques évènements de la vie de Stauffacher. Plus loin, l'on arrive à Rothenthurm où s'assemble tous les deux ans la Landsgemeinde générale du canton, au nombre de près de 10,000 citoyens. Non loin de ce village, est le hameau de Biberegg, berceau de la famille des Reding. Près de Rothenthurm, mais sur le territoire de Zug, se trouvent aussi le territoire d'Egeri et le défilé de Morgarten, célèbres par la victoire des Confédérés.

Einsiedlen est un gros bourg, bien bâti et dont un tiers des maisons sont des auberges. Il est à 2,600 pieds au-dessus de la mer, au milieu d'une contrée un peu triste et uniforme. La fondation du couvent remonte à l'époque de Charlemagne. Le couvent devint bientôt le plus riche de la Suisse, après l'abbaye de Saint-Gall. L'empereur Rodolphe de Habsbourg éleva l'abbé au rang de prince de l'empire, en 1271, et actuellement encore l'abbé conserve le titre de prince. En 1793, les archevêques de Paris et de Vienne, et beaucoup d'autres ecclésiastiques français trouvèrent un asile à Einsiedlen. Le couvent fut pillé en 1798 et 1799 par les troupes françaises. Après Notre-Dame de Lorette, en Italie, et Saint-Jacques de Compostelle, en Espagne, Einsiedlen est le lieu de pèlerinage le plus fréquenté du monde.

Sur la vaste place qui sépare le bourg du couvent, on voit une fontaine de marbre noir avec quatorze tuyaux; elle est ornée de l'image de la Vierge et d'une grande couronne d'or. La tradition veut que le Seigneur ait bu de l'un des tuyaux; mais comme on ignore duquel, les pèlerins vont d'un tuyau à l'autre, pour ne pas manquer celui dont l'eau a été sanctifiée. Le bâtiment a été reconstruit de 1704 à 1719, à la suite d'un incendie; il est dans le style égyptien. La façade a une longueur de 414 pieds, dont 117 sont occupés par l'église et ses deux tours élancées. On compare celle-ci à l'église de Saint-Jean de Latran. Dans la nef centrale, s'élève la chapelle de la Sainte-Vierge, en marbre noir, entourée d'une grille. On y trouve une bibliothèque de 26,000 volumes, en majeure partie relatifs à l'histoire. Les manuscrits qu'elle possède ont été consultés par plusieurs écrivains, en particulier par l'historien Müller. Un Séminaire et un Lycée sont établis dans le couvent.

Le mont Etzel, Lachen. — Au nord du plateau d'Einsiedlen s'élève le mont Etzel, qui fut témoin de la résistance héroïque des Schwytzois, en 1798, ainsi que le défilé de Schindellégy, où coule la Shil. Du sommet de l'Etzel, haut de 3,310 pieds, on jouit d'une vue magnifique. Entre l'Etzel et le lac, s'étend une contrée fertile. Le principal endroit qu'on y trouve est le bourg de Lachen. Les bains de Nuolen n'en sont qu'à un quart de lieue. Nous avons déjà parlé, dans l'article *Zurich*, de ce long pont qui joint la presqu'île de Hürden avec la ville de Rapperschwyl, et des deux petites îles schwtzoises de Lützelau et d'Ufenau. Celle-ci appartient au couvent d'Einsiedlen. Il s'y trouve une ferme, une église et une chapelle qui doit remonter au 12ᵉ siècle.

XI

Il faut se rembarquer au port de Brunnen que nous connaissons déjà, et voguer pendant une heure sur le dernier golfe, au sud du lac des Quatre-Cantons. Le touriste admirera une nature sauvage et grandiose, entendra nommer encore les noms de Tell et de ses compagnons, et verra juchés sur des rocs élevés les monuments d'un passé glorieux.

Nous voici à Flüelen, premier port d'Uri, sur le lac, le train nous y attend. En route pour Altdorf, « les chemins sont ouverts » comme disait le ténor Dupré. — Altdorf est la capitale du petit Etat d'Uri.

CANTON D'URI

Situation, Etendue, Climat. — Le canton d'Uri est borné, au nord, par le lac des Quatre-Cantons et par le canton de Schwytz; à l'est, par les cantons de Glaris et des Grisons; au sud, par le Tessin; à l'ouest, par les cantons du Vallais, de Berne et d'Unterwald. Il a une longueur de 12 lieues sur une largeur qui varie de 4 à 7 lieues. Il ne compte que 24,000 habitants.

Le climat du canton est très inégal. Tandis que les hautes vallées ont huit mois d'hiver, les parties inférieures des vallées jouissent d'un air tempéré, grâce aux souffles du Fœhn ou Favonio. Ce vent, qui semble hâter le printemps, cause souvent les plus grands désordres dans les pays d'avalanches et de torrents.

Montagnes, Vallées, Rivières. — Ce canton, l'un des plus montagneux de la Suisse, est enfermé entre deux ramifications qui se détachent de la chaîne centrale près du groupe du Saint-Gothard; celle de l'est se prolonge entre les cantons de Glaris et de Schwytz; celle de l'ouest se termine au promontoire de Treib, au-dessous du mont Seelisberg. Plusieurs chaînons intérieurs qui partent de ces deux chaînes forment quelques vallées latérales, et, se rapprochant de la Reuss, ne laissant à cette rivière qu'un lit très-étroit. Les montagnes d'Uri s'élèvent généralement de 8 à 11,000 pieds. Les principales sommités du canton sont, au Saint-Gothard : la *Pointe d'Urseren*, 10,000 ; le *Luzendro*, 9,730 ; le *Fiudo*, 9,470 ; etc. ; dans la chaîne de l'est, le *Crispalt*, 10,240 ; l'*Oberalpstock*, 10,250 ; le *Scheerhorn*, 10,140. Au Crispalt s'appuie le *Bristenstock*, 9,900, et au Scheerhorn la *Windgälle*, 9,790 ; les *Alpes Clarides*, 10,030, qui touchent à Glaris ; dans la chaîne d'ouest, le *Weisshorn*, 9,220, d'où descend le grand glacier de Weissenwasser ou d'Eau blanche ; le *Galenstock*, au nord de la Furka, 11,300, lequel domine le beau glacier du Rhône, et confine avec les cantons du Vallais et de Berne ; le *Thierberg*, 10,946 ; le *Winterberg* ou Montagne de l'hiver, 10,600 ; le *Spitzliberg*, Montagne aiguë, comme son nom l'indique, 10,635. La plupart de ces montagnes sont flanquées de vastes glaciers, et il est peu de pays où les avalanches et les éboulements soient plus fréquents que dans le canton d'Uri.

La principale vallée est celle qu'arrose la *Reuss*, qui se jette dans le lac des Quatre-Cantons, et dont les sources sont au Saint-Gothard et aux environs ; la plus abondante et celle dont le cours est le plus long vient de la Furka et des glaciers voisins ; une autre sort du lac tessinois de Luzendro, situé sur le plateau même du Saint-Gothard ; la troisième sort du lac d'Oberalp, voisin des Grisons ; et la quatrième est le torrent de l'Unteralp, dont les eaux se réunissent à celles de l'Oberalp, au-dessus d'Andermatt. Les vallées latérales sont arrosées par plusieurs autres torrents.

Lacs. — Le canton d'Uri possède la partie sud orientale du lac des Quatre-Cantons, qu'on appelle *golfe* ou *lac d'Uri* (*Urnersee*); ce golfe a une profondeur de 800 pieds au-dessous de l'Achsenberg, près de la chapelle de Tell. On peut nommer encore le lac d'*Oberalp* et ceux d'*Unteralp*, dont l'écoulement forme une des principales sources de la Reuss; celui d'Oberalp a un quart de lieue de longueur et contient d'excellentes truites; le *Golzersee*, petit lac très-poissonneux au pied de la Windgalle; le joli lac du *Seelisberg* (Montagne du petit lac), près du chemin de Stanz au Grütli. Plusieurs de ces lacs sont très-profonds; quelques-uns sont à une très-grande hauteur, de sorte qu'on y voit flotter encore des glaçons au mois d'août.

Histoire Naturelle. — La race bovine compte 8 à 9,000 têtes dans le canton. Dans la vallée d'Urseren et la partie supérieure de celle de la Reuss, on trouve des vaches de petite taille, appelées vaches grisonnes, et qui peuvent grimper comme les chèvres les pentes les plus raides; 14,000 moutons et 16,000 chèvres pâturent sur les pentes d'un accès difficile. Les Bergamasques amènent, pendant l'été, de grands troupeaux de moutons; le fermage qu'ils paient est une source de bénéfice pour le canton. — Les chamois sont rares; cependant on en trouve encore sur les hautes sommités; on ne peut les chasser qu'en automne. Les ours, les lynx, les renards, sont rares aussi; on voit plusieurs espèces de vipères dans la vallée basse.

La plus grande partie du sol qui n'est pas occupé par des rochers ou des glaces est couverte de pâturages ou de prairies; cependant la partie inférieure de Flueelen à Amsteg est très-propre à la culture; grâce à la douceur du climat, la végétation y est de quinze jours plus avancée qu'à Lucerne; on y trouve beaucoup de beaux vergers, où croissent des pruniers, des pêchers, des abricotiers, des noyers; sur quelques pentes exposées au soleil on voit des châtaigniers, et même des figuiers dans des lieux abrités contre le vent du nord. La vigne, qu'on cultivait autrefois à Altorf, a presque disparu; on ne voit plus que quelques espaliers. Les forêts abondent dans tout le canton. La vallée de la Reuss, celle d'Urseren, la Furka, le Saint-Gothard, sont très-riches en plantes rares.

La plus grande partie du canton appartient à la formation primitive; mais, vers le nord, les montagnes sont composées de roches calcaires et de couches schisteuses ou argileuses. Celles qui forment la chaîne du Saint-Gothard paraissent déchirées et bouleversées. Il n'existe peut-être aucune partie de la chaîne des Alpes où l'on trouve, dans un espace si resserré, un nombre aussi prodigieux de substances rares que le Saint-Gothard. Près du glacier de Sainte-Anne, le minéralogiste trouvera de l'asbeste, de l'amiante et du liége fossile; sur le Guspis, de la rayonnante verte ou delphinite ; ailleurs, la même roche est renfermée dans du talc blanc ; aux environs de Réalp, on voit des cristaux de spath fluor couleur de rose ; on trouve aussi des cristaux de pierre ferrugineuse magnétique, des améthystes, des grenats, des cristaux imitant la topaze, de la cornaline, du titane, etc. On exploitait autrefois des mines de fer dans l'Isenthal et dans le val Maderan, non loin du sommet de la Windgælle, et des mines de plomb et de cuivre dans la vallée de la Reuss, au-dessus d'Amsteg.

Histoire. — Les habitants du canton étaient désignés autrefois sous le nom de *Taurisci;* et comme ils portaient sur leur étendard l'image d'une tête de taureau, on les appela ensuite *Ures,* et leur pays *Urn* ou *Uri* (de *urus,* aurochs). On ignore quels furent leurs rapports avec les autres Helvétiens, et s'ils prirent part à leurs expéditions ; mais il est certain qu'ils tombèrent sous la domination romaine. Les franchises de cette petite peuplade datent de la plus haute antiquité. Quelques personnes les font remonter à l'empereur Théodose ou à son fils Honorius.

Louis-le-Germanique céda, en 853, à l'abbesse du couvent qu'il avait fondé à Zurich, une partie du territoire d'Uri, avec les églises, les bâtiments et les serfs qu'il possédait dans ce pays ; mais les hommes libres restèrent affranchis de toute redevance directe, et conservèrent les droits déjà obtenus. Un document conservé dans les archives du pays le constate, ainsi que la protection accordée par Charlemagne.

L'empereur Frédéric II, qui marchait contre les Guelfes, obtint d'eux un secours de 600 hommes, et l'empereur accorda aux trois cantons une sorte de charte où il déclarait que, sur leur demande, ils étaient reçus sous la protection de l'empire. Rodolphe de Habsbourg, qui, dans sa lutte contre la noblesse avait besoin de l'appui des bourgeois et des pâtres, confirma leurs franchises en 1274. Toutefois, en 1291, les trois pays conclurent une nouvelle alliance, et rédigèrent le plus ancien document écrit que l'on connaisse maintenant; c'est de ce traité que date le nom d'*Eidgenossen*, Confédérés, ou compagnons du serment,

En 1304, Albert envoya un jeune gentilhomme, Hermann *Gessler* de Bruneck, qui traita les montagnards avec une grande hauteur. En 1307, ce gouverneur commença la construction d'un château, qu'il nomma, par dérision, *Zwing-Uri* (Joug d'Uri). C'est alors que trois hommes énergiques, Walter Fürst d'Uri, Werner Stauffacher de Schwytz, et Arnold Anderhalden du Melchthal au canton d'Unterwald, après s'être préalablement concertés seuls sur les moyens d'affranchir leur patrie, se rendirent au Grütli, dans la nuit du 7 novembre 1307, accompagnés chacun de dix hommes courageux; ces trente-trois citoyens firent vœu de délivrer leur pays du joug arbitraire des baillis. Mais, afin de faire éclater prématurément la rebellion, Gessler fit élever, le 16 novembre, sur la place d'Altorf, une grande perche surmontée d'un chapeau ducal, et obligea les passants à saluer ces signes d'oppression. Ici se placent la résistance de Guillaume Tell à cet ordre humiliant, l'histoire de la pomme qu'il dut frapper sur la tête de son enfant, celle de sa délivrance presque miraculeuse au milieu d'une tempête, et enfin celle de la mort de Gessler.

A la suite de ces évènements, le 1er janvier 1308, le bailli Landenberg fut expulsé du canton d'Unterwald, ainsi que ses satellites, et le château de Zwing-Uri fut rasé. Le duc Léopold étant venu les attaquer, les montagnards des trois cantons remportèrent, le 15 novembre 1315, à Morgarten, une victoire complète qui porta dans toute l'Allemagne le nom de cette peuplade de bergers, jusqu'alors peu connue.

En 1332, la ligue accrut ses forces par l'admission de Lucerne, et, quelques années plus tard, par celle des cantons de Zurich, Glaris, Zug et Berne. L'acte d'alliance des huit cantons fut dressé le 6 mars 1353; il fut approuvé par l'empereur. En 1389, la paix fut signée avec la maison d'Autriche, et le peuple d'Uri obtint la pleine et entière souveraineté de son pays. Les troupes des petits cantons figurèrent dans l'armée qui vainquit deux fois Charles-le-Téméraire, et les funestes conséquences de ces victoires s'étendirent aussi à leur pays. L'histoire d'Uri se trouve dès-lors plus intimement liée avec celle de la Confédération. Lorsque éclata la

Réformation, les petits cantons restèrent fidèles à l'Eglise catholique.

Les Landsgemeindes d'Uri, de Schwytz et d'Unterwald décidèrent, en 1798, de repousser l'invasion française, et une lutte héroïque eut lieu contre une armée bien supérieure en nombre, à Morgarten, à Rothenthurm, au mont Etzel. Les anciennes autorités d'Uri furent dissoutes, et un arbre de la liberté fut érigé sur le lieu même où Gessler avait fait élever un chapeau ducal.

En mai 1800, 15,000 Français traversèrent le pays, sous le commandement du général Moncey, qui les conduisait en Italie. Le canton d'Uri, épuisé par les pillages et les réquisitions, ne respira que lorsqu'on apprit que la Suisse était enfin libre de se constituer elle-même; mais ce ne fut que le 9 mars 1803 que le député Emmanuel Jauch apporta au peuple d'Uri l'Acte de médiation, d'après lequel il fut libre de rétablir son ancien gouvernement. Une misère affreuse et dont on ne peut se faire nulle idée avait desolé le pays, depuis l'incendie du chef-lieu et les désastres de la guerre.

Après 1830, le peuple d'Uri se prononça en grande majorité contre l'établissement d'un nouveau Pacte et pour le maintien du système fédératif et de la souveraineté cantonale. En 1846, Uri fit partie de la ligue du Sonderbund et envoya ses troupes à Lucerne; mais, après l'occupation de cette ville en 1847, il dut capituler, et, le 29 novembre, il fut occupé lui-même par une brigade de troupes fédérales, qui fut très-bien accueillie. Le canton a dû se soumettre au nouveau régime fédéral. En 1850, il a révisé son ancienne Constitution.

Constitution et Landsgemeinde. — Le canton d'Uri se gouverne d'après les formes de la démocratie pure. Voici ses principales autorités, d'après la Constitution garantie en 1816. L'assemblée générale des citoyens, ou *Landsgemeinde* (Commune du Pays), exerce l'autorité souveraine; on en fait partie dès l'âge de 20 ans. La Landsgemeinde décide des affaires importantes de l'Etat; elle nomme par mains levées le landammann, son lieutenant ou *Statthalter*, le banneret, le capitaine du pays, les deux enseignes, le trésorier, l'inspecteur de l'arsenal, en outre les quatre secrétaires d'Etat et divers employés inférieurs. Elle s'assemble tous les premiers dimanches de mai à Botzlingen, à une demi-lieue d'Altorf, au milieu de la plus grande solennité.

Religion. — L'évêque Martin, patron d'Uri et de Schwytz, passe pour avoir achevé, vers l'an 630, la conversion de ces peuples. Dès longtemps le petit peuple d'Uri fut en rapport avec les papes. Au commencement du 16ᵉ siècle, ils obtinrent de Jules II et de Léon X le droit de nommer et de révoquer les ecclésiastiques. Jules II leur envoya une bannière, que l'on conserva depuis lors dans la salle du Conseil, et leur donna le titre de Protecteurs de la foi catholique. Le canton d'Uri dépendait autrefois de l'évêché de Constance; il ressortit maintenant à celui de Coire. Les communes nomment et paient elles-mêmes leurs curés et leur fixent leurs obligations.

INSTRUCTION PUBLIQUE — On cherche avec plus de soin qu'autrefois à répandre l'instruction. Chaque paroisse et même chaque village a son école; mais comme une grande partie de la population habite en été sur les hautes montagnes, la plupart des écoles ne peuvent être fréquentées que l'hiver. Altorf possède en outre une Ecole normale et un Gymnase. Le clergé a fait instituer par le gouvernement une Commission centrale scolaire, qui inspecte toutes les écoles et stimule leurs progrès.

INDUSTRIE ET COMMERCE. — La principale industrie du pays consiste dans l'élève et le commerce du bétail. On exporte aussi de grandes quantités de fromages; ceux d'Urseren sont comptés parmi les plus gras et les meilleurs de la Suisse, et peuvent se conserver longtemps. Les sentiers de la Furka et de l'Oberalp, conduisant dans le Vallais et dans les Grisons, occupent un certain nombre de muletiers et de bêtes de somme. On fabrique dans le canton des draps grossiers pour la consommation. On pourrait aussi exploiter la serpentine et la pierre ollaire qu'on trouve à Urseren, le beau porphyre vert et rouge de la Windgælle, le marbre de Rhinacht, etc. La pêche occupe beaucoup de bras sur les bords du lac.

HOMMES DISTINGUÉS. — En premier lieu, nous devons nommer *Guillaume Tell*, le libérateur de sa patrie. Tell était né à Bürglen, à demi-lieue d'Altorf; outre les évènements de 1307, tout ce qu'on sait de sa vie, c'est qu'il combattit à Morgarten. On sait aussi qu'il perdit la vie en 1350, en cherchant à sauver un enfant qui se noyait dans les eaux du Schæchenbach. C'est tout ce que les chroniques et les souvenirs transmis d'âge en âge racontent sur cet homme. La Landsgemeinde décida, en 1350, que tous les ans on prononcerait un sermon dans le lieu où était la maison de Tell; 38 ans plus tard, on bâtit une chapelle sur le sol qu'avait occupé cette maison. — *Walter Fürst* d'Attinghausen, beau-père de Tell, fut un des trois hommes du Grütli. Les *Beroldingen*, les *Sillinen*, les *Püntinen*, furent des familles qui occupèrent, du 12e au 17e siècle, les premières charges civiles et militaires du canton. *Arnoldi* commandait l'aile gauche des Suisses à Grandson, en 1475. Uri n'a pas produit un grand nombre de savants et de littérateurs. Nous pouvons cependant citer *Melchior Acontius*, poète latin ; *Vincent Schmidt*, auteur d'une histoire du canton et qui périt, en 1798, dans un combat contre les Français; *Albert Altorfer*, peintre et graveur du 16e siècle; l'ingénieur *Müller*, frère de ce dernier, s'est distingué par la construction des ponts et de la route du Saint.-Gothard, dans la gorge de Schœllenen.

Mœurs, Coutumes, Caractères. — Les habitants d'Uri sont très-attachés à leur religion et aux coutumes de leurs pères; ils ont un amour ardent pour la liberté, et un grand respect pour les anciens droits et pour la parole donnée. L'art du tireur est resté toujours en honneur parmi eux; quoique bons et hospitaliers, ils sont froids et réservés vis-à-vis des étrangers et des inconnus; du reste, ils s'inquiètent peu des évènements du monde, pourvu qu'ils ne portent pas atteinte à leur liberté et à leur religion. Un trait remarquable de leur caractère, c'est leur goût pour le langage poétique; les paysans se servent d'images pittoresques et d'expressions hardies, et un style semblable se retrouve même dans les publications du gouvernement.

ALTDORF — Le bourg d'Altdorf, chef-lieu du canton, est assez bien bâti; il a de larges rues, quelques places, et une jolie église ornée de beaux tableaux, entre autres d'une Nativité, de Van Dyck; dans une chapelle voisine, on voit une Descente au tombeau, de Caracci. Ce qui intéresse le plus les voyageurs à Altdorf, ce sont les souvenirs de Guillaume Tell; on y voit, sur une des places, une fontaine surmontée de la statue de Tell, à l'endroit même où il doit avoir bandé son arc pour percer la pomme. A une distance de cent pas, est une autre fontaine, ornée de la statue d'un magistrat d'Altdorf, nommé Besler, qui l'a élevée à ses frais sur l'emplacement qu'occupait le tilleul auquel fut attaché l'enfant; cet arbre tombait de vétusté et fut enlevé en 1567. Altdorf possède un hôpital destiné à recevoir les pauvres voyageurs et à secourir les pauvres de la commune. Le nouvel arsenal est privé de beaucoup d'anciens trophées, mais il s'y trouve encore des drapeaux pris à Morgarten et à Sempach. Le couvent des capucins est situé sur une éminence; c'est le plus ancien de la Suisse; il offre, ainsi que le pavillon voisin, nommé Waldeck, une belle vue sur la vallée, sur ses riches vergers et sur les montagnes qui la dominent. Au nord d'Altdorf est le village de Flüelen, qui lui sert de port; c'est là qu'est l'embarcadère des bateaux à vapeur et que les voyageurs qui arrivent de Lucerne trouvent des voitures pour monter au Saint-Gothard.

Lac ou Golfe d'Uri. — On appelle ainsi la partie du lac des Quatre-Cantons située en face de la vallée de la Reuss et comprise dans le territoire d'Uri. C'est la partie la plus sauvage du lac. Quand on vient de Lucerne et qu'on a dépassé la pointe de Treib, on voit subitement s'ouvrir, vers le sud, le bassin de Flüelen entre des montagnes escarpées; à gauche, la Frohn-Alp et l'Achsenberg; à droite, le Seelisberg; dans le fond on aperçoit plusieurs sommités couvertes de neiges qui s'étagent majestueusement les unes au-dessus des autres. C'est le golfe d'Uri qui présente le plus de dangers pour la navigation, lorsqu'on est surpris par une tempête violente; les rochers descendent verticalement dans le lac, et l'on ne trouve qu'un petit nombre de places où il soit possible d'aborder.

Le Grütli. — Un peu au sud du promontoire de Treib et d'un rocher qui sort du lac, est située la prairie escarpée du Grütli, au pied du Seelisberg. On y voit une cabane habitée par des bateliers, et une autre qui recouvre la place où jaillissent trois sources. C'est dans ce lieu que les trois libérateurs des petits cantons se donnèrent plusieurs fois rendez-vous pendant la nuit; c'est là que ces hommes magnanimes jurèrent de rompre les fers de la patrie. On prétend que les trois sources jaillirent à la place même où étaient les trois principaux conjurés. En 1713, les trois cantons renouvelèrent leur vieille alliance au Grütli.

Le Grütli est à quelques centaines de pieds au-dessus du lac. Quand on vient par terre du canton d'Unterwald, on arrive dans le canton d'Uri par le village de Seelisberg, dont la position est magnifique. De ce lieu, élevé de 1,000 pieds au-dessus du lac, un étroit sentier descend vers le Grütli. Un autre sentier suit les hauteurs au-dessus du Grütli, et mène à Altdorf par Bauen, Isleten et Seedorf. Non loin de Bauen, on passe près du château de Beroldingen, manoir primitif d'une famille de Souabe encore florissante.

PLATEAU ET CHAPELLE DE TELL. — A une lieue du Grütli et sur l'autre rive du lac, on voit une chapelle au pied d'une pente boisée du mont Achsenberg. Devant cette chapelle s'avance un quartier de roc. C'est là que Guillaume Tell s'élança lestement sur la rive; d'une main vigoureuse, il repoussa la nacelle au milieu des flots; puis, prenant le devant par des sentiers de montagne, il alla attendre le tyran près de Küssnacht, dans un chemin creux, où sa flèche le frappa mortellement. On a donné à ce roc le nom de *Plateau* ou *Saut de Tell* (Tellenplatte ou Tellensprung). Trente-un ans après sa mort, ses compatriotes érigèrent une chapelle en ce lieu, ainsi qu'à Bürglen, où il était né. L'an 1388, le vendredi après l'Ascension, on célébra pour la première fois la fête du héros dans la chapelle, et il se trouva parmi les assistants 114 vieillards qui l'avaient connu. En face de la chapelle, on voit le hameau de Bauen et l'ouverture de la vallée d'Isenthal, célèbre par la résistance désespérée que ses habitants opposèrent aux Français en mai 1798. Au fond de cette vallée s'élève le Rothstock, qui touche aux glaciers des Alpes Surènes. Un sentier mène par le col de Schonegg (6,380) à Wolfenschiess, vers le bas de la vallée d'Engelberg. De la chapelle de Tell on arrive à Flüelen, en côtoyant les précipices du mont Achsenberg, d'où descend le *Milchbach* (Ruisseau de lait), qui sort d'un petit lac d'une Alpe voisine.

Vallée de la Reuss, Trou d'Uri. — En sortant d'Altdorf, on passe un torrent fangeux qui descend de la vallée de Schachen. En montant un peu sur la gauche, on ne tarde pas à arriver au village de Bürglen, lieu natal de Tell. Sur l'emplacement de sa maison, l'on a construit une chapelle dont les murs retracent les principaux faits de sa vie. De l'autre côté de la Reuss est situé le village d'Attinghausen. Walter Fürst, un des trois hommes du

Grütli, était de ce village, et l'on montre encore une maison qu'on prétend lui avoir appartenu. Bientôt la route passe à Botzlingen, puis à côté d'une grande prairie où s'assemble la Landsgemeinde. Elle se rapproche peu à peu de la base de la Windgælle, montagne aux formes hardies et aux flancs nus et escarpés. Vers le hameau de Klus, la vallée se resserre, et la route côtoie la Reuss. Elle laisse sur la gauche le village de Sillinen, caché par des arbres fruitiers, et les ruines du manoir des nobles de Sillinen. Plus loin, sur une hauteur, se trouvent des restes de murs que quelques personnes prennent pour les ruines de la forteresse de Zwing-Uri.

A la sortie d'Amsteg commence la route du Saint-Gothard proprement dite, qui a 9 à 10 lieues jusqu'à Airolo, dans le Tessin.

Cette route s'élève insensiblement en faisant de nombreux contours, et ayant à sa gauche l'énorme pyramide du Bristenstock ; un des torrents qu'elle franchit s'élance d'une gorge sauvage qu'on appelle *Teufelsthal*, ou Vallée du diable ; dans l'espace de deux lieues, elle passe trois fois la Reuss, qui est profondément encaissée, et qui tombe en mugissant de chutes en chutes. En quelques endroits, les avalanches accumulent dans le lit de la rivière de grandes masses de neige qui ne disparaissent qu'au milieu de l'été. Le troisième pont s'appelle le Saut du Moine (*Pfaffensprung*), parce que, d'après une légende, un moine franchit, en ce lieu, la Reuss d'un seul bond. Après les villages de Wasen et de Wattingen, la route passe et repasse la Reuss et arrive à Goschenen; près de ce village, on voit un énorme bloc de rocher, appelé *Teufelsstein,* ou Pierre du diable.

La vallée prend un caractère de plus en plus sauvage et se resserre encore pour former la gorge effrayante des Schœllenen, longue d'une lieue et demie, et dominée par d'immenses parois de granit; le soleil n'y pénètre qu'au milieu du jour, et l'on n'y entend que le mugissement étourdissant de la rivière, qui a donné à la vallée le nom de *Krachenthal,* Vallée du fracas. Elle est très-exposée aux dévastations des avalanches, et, en quelques endroits, on a taillé dans le roc des niches pour protéger le voyageur; on trouve aussi une galerie au lieu le plus dangereux; de petites croix plantées le long de la route indiquent la place où des malheurs sont arrivés. La route serpente d'une rive à l'autre, jusqu'au fameux *Pont du Diable,* dont le site est extrêmement grandiose. La Reuss se précipite au-dessous du pont dans une gorge profonde et effrayante, d'où s'élève sans cesse une fine poussière. Immédiatement après le Pont du Diable, la route traverse le Trou d'Uri, *Urnerloch,* galerie de 180 pieds de longueur, qui fut ouverte dans le roc vif en 1707, et qui fut longtemps admirée comme une œuvre extraordinaire.

On sait aujourd'hui que le tunnel percé sous le Saint-Gothard, de Gæschenen à Airolo, économise le temps du voyageur et lui évite des dangers inutiles.

Vallée d'Urseren, Saint-Gothard, Furka. — Au sortir de la sombre voûte de la galerie, la vue, fatiguée durant bien des heures par l'aridité des rochers et la tristesse des gorges sauvages, se repose avec délices sur la paisible et verdoyante vallée d'Urseren. Avant de s'engouffrer bruyamment entre des précipices, la Reuss y serpente au milieu de belles prairies. Il serait difficile de trouver un changement de scène plus frappant.

Longue d'environ trois lieues, et large d'un quart de lieue, cette vallée est entourée de hautes montagnes, en partie couvertes de neige; elle est élevée de 4,450 à 4,700 pieds; aussi l'hiver y dure-t-il huit mois, et il n'est pas rare qu'il faille y faire du feu en été. La seule forêt qu'on y voie est sur la pente du mont Sainte-Anne, qui domine Andermatt. On la ménage avec soin, car elle protége le village contre les avalanches. L'église, qui porte le nom de Saint-Colomban, doit avoir été bâtie par les Lombards. Un sentier facile, mais un peu triste et monotone, conduit par la vallée d'Oberalp dans le canton des Grisons; le col est situé entre le Crispalt et le Baduz, et élevé de 6,350 pieds. Un sentier difficile conduit dans le Tessin, par le vallon d'Unteralp et le val Canaria.

A trois quarts d'heure d'Andermatt, on trouve le village d'Hospital, qui est placé au pied de la montée même du mont Saint-Gothard. La route s'élève contre le flanc de la montagne en remontant le bras de la Reuss qui sort du lac Luzendro ; on la traverse pour la dernière fois sur le pont de Rodunt, placé près de la limite du Tessin. L'hospice est à une demi-lieue plus loin : il est au milieu d'un vaste plateau ondulé, élevé de 6,400 pieds, d'où les neiges ne disparaissent que vers la fin de juillet et que plusieurs sommités dominent encore de 2 à 3,000 pieds.

Le passage du Saint-Gothard n'est pas sans danger en hiver, soit à cause des avalanches qui tombent surtout dans les gorges au-dessous d'Urseren, soit à cause de l'énorme quantité de neige qui recouvre le plateau.

Le chemin d'Urseren au Vallais traverse le chétif hameau de Réalp. Ce hameau fut anéanti, en 1733, par une énorme avalanche. Il fut menacé du même malheur en mars 1817, mais les avalanches tombèrent de tous les côtés autour du village sans l'endommager. Il reste encore trois heures de montée pour atteindre le sommet de la Furka, élevé de 7,795 pieds, et qui n'est jamais complètement dégarni de neige. On y voit à droite le Galenstock, à gauche le Mutthorn.

Vallées latérales. — Nous avons déjà parlé de la vallée d'Isenthal, voisine du lac. Les autres vallées qui débouchent sur la rive gauche de la Reuss, sont : Celle de *Gœschenen*, qui est étroite et peu intéressante à son entrée ; mais, après avoir marché deux ou trois heures au milieu des débris, puis dans une forêt sauvage, on arrive sur une alpe magnifique, entourée de grands glaciers et des hautes sommités du Galenstock, du Winterberg, et du Spitzberg. Le hameau de Gœschenenalp est habité toute l'année. Plus haut, on trouve une cristallière, la Sandbalm, qui a été jadis très-riche en minéraux.

Le *Mayenthal*, qui communique avec le canton de Berne par le Sustenpass; sa population ressemble un peu à celle du Hasli. Au-dessus de Wasen, près de *Mayenschanz* (Redoute de Mayen), il y avait autrefois une redoute, qui fut établie lors des guerres religieuses; elle fut détruite par les Français.

La vallée d'*Erstfeld*, qui s'ouvre vis-à-vis de la Klus, est très-remarquable; elle aboutit au grand glacier du Schlossberg; on y voit la superbe cascade du Faulenbach, et deux petits lacs, dont l'un baigne le pied d'un glacier.

D'Attinghausen ou de Ribshausen, on monte dans un vallon qui conduit au col des Alpes Surènes (7,215). Ce passage, par lequel on se rend dans la vallée unterwaldoise d'Engelberg, offre de belles vues sur les glaciers des Spanœrter, du Titlis, etc.

Sur la rive droite de la Reuss les principales vallées sont: Le val *Maderan*, qui s'ouvre à Amsteg entre la Windgælle et le Bristenstock. Cette vallée intéressante aboutit aux vastes glaciers des Alpes Clarides, qui touchent à ceux de la Sandalp au canton de Glaris. Celui de Hufi peut être comparé à celui du Rhône. Un vallon latéral se dirige au sud vers le Crispalt, et conduit au passage difficile du *Kreuzlipass*, ou Col de la petite croix (7,100), qui confine avec les Grisons.

Enfin la vallée de *Schæchen*, qui commence à Bürglen, est habitée par une peuplade à la taille élancée, et qui est regardée comme la plus belle race d'hommes du pays. On y voit plusieurs belles cascades, entre autres celle du Stœubi. Du côté du nord est le col du Kinzig-Kulm, devenu célèbre par le passage des Russes.

XII

Le tunnel du Saint-Gothard est livré à la circulation. Rien ne nous empêche d'y pénétrer par la vallée de Gœschenen, dans Uri, et d'en sortir, soit à pied, soit en wagon, vis-à-vis le gros bourg d'Airolo, situé sur le Tessin, lequel donne son nom à un canton de langue italienne. Nous allons le visiter et l'étudier, comme nous l'avons fait pour les autres cantons de la Suisse.

Nous repasserons le tunnel du Saint-Gothard pour

voyager à travers Unterwald et l'Oberland bernois. En attendant, nous sommes arrivés au seuil de l'Italie du nord ; il nous convient d'en profiter.

CANTON DU TESSIN

Situation, étendue, climat, etc. — Le canton du Tessin est borné, au nord, par le canton d'Uri et celui des Grisons ; à l'est, par les Grisons et par la Lombardie ; au sud, par la même province qui l'entoure aussi en partie du côté de l'ouest ; le reste de ses confins est formé par le Piémont et le Vallais. La plus grande largeur du Canton est de 12 à 13 lieues ; sa plus grande largeur est de 22 lieues. Sa population, en 1880, était de 130,000 âmes. Le Tessin est le cinquième canton en étendue ; il n'est toutefois que le septième en population. — Bien que située sur le versant sud des Alpes, la partie septentrionale, comprise entre de hautes montagnes couvertes de glaces et de neiges, a un climat assez rude, semblable à celui des vallées voisines, appartenant aux cantons des Grisons et du Vallais. Quant à la partie méridionale, elle jouit du climat le plus tempéré de la Suisse. En hiver et au printemps, le Favonio ou *Fœhn*, vent du sud-ouest et du sud, amène des chaleurs précoces. Quelquefois, l'on voit les amandiers fleurir à Lugano, au milieu de février. Le pays est en général salubre; les plaines qui bordent le Tessin, entre Bellinzone et le lac Majeur, font seules exception.

MONTAGNES, GLACIERS. — La principale chaîne des Alpes sert de limite au canton sur une longueur d'environ 18 lieues, du glacier de Gries au Moschelhorn. On y trouve le *Pizzo Gallina*, 9,420, à la frontière du Vallais; le *Luzendro*, 9,720; le *Pisciora*, 9,494 ou 9,898, et autres sommités du Saint-Gothard.

Au groupe du Lukmanier, la sommité du *Scopi*, 9,850; plus loin, le pic *Kumadra;* le pic *Kamona*, 9,640. Plusieurs glaciers descendent sur le revers méridional de la chaîne, surtout au Saint-Gothard et près du Moschelhorn. Du point où le territoire tessinois confine à la fois au Vallais et au Piémont, se détachent deux grandes ramifications, dont l'une se dirige vers le sud et sépare le canton du territoire piémontais; puis, après avoir décrit un coude dans l'intérieur de ce territoire, vient se terminer à une lieue au nord de Locarno; l'autre, avec une direction au sud-est, suit la rive droite du Tessin et vient aboutir à l'extrémité du lac Majeur.

Du Lukmanier court vers le sud une ramification qui sépare le val Blegno de la Léventine ou vallée du Tessin, et se termine à leur jonction; on y trouve le mont *Piottino* ou *Platifer*, 7,705; une autre, partant du Moschelhorn, sépare le val Blegno du val grison de Calanca; elle porte le pic *Molajo*, 7,969, et le *Poncione di Claro*, 8,373. Du col *San-Jorio*, 6,210, point de contact des Grisons, du Tessin et de la Lombardie, partent trois ramifications, dont l'une se termine devant Bellinzone; une autre, celle du *Monte Cenere*, n'atteint au col de ce nom que la hauteur de 1,720 pieds, mais se relève au *Tamaro*, 6,037. Enfin, le district de Mendrisio est borné, à l'est, par une chaîne dont les points culminants sont le *Caprino*, 4,048, en face de Lugano; le *Monte Generoso*, 5,199, et le *Bisbino*, 4,063.

VALLÉES ET RIVIÈRES. — La principale rivière du canton est le *Ticino* ou Tessin, dont les sources sont à la frontière du Vallais, sur le Saint-Gothard, et qui arrose une longue vallée portant successivement les noms de val Bedretto, val Leventina et val Riviera. Il devient navigable au-dessous de Bodio, mais seulement dans le temps des hautes eaux, vu la grande largeur et le peu de profondeur de son lit. Il se jette dans le lac Majeur près Magadino. Ses plus gros affluents sont : le *Blegno*, qui arrose le val de même nom, et qui a ses sources au Lukmanier et sur les montagnes voisines, et la *Mœsa*, qui descend du Saint-Bernardin, et, après avoir arrosé le val Misocco, termine son cours sur le territoire tessinois, au-dessus de Bellinzone. Beaucoup d'autres torrents grossissent aussi le Tessin. La rivière la plus considérable après le

Tessin est la *Maggia*, qui se jette dans le lac Majeur entre Ascona et Locarno; elle descend des vals Maggia et Lavizzara, et reçoit comme affluents la *Rovana*, qui apporte les eaux du val Cavergna et du val Campo, et la *Melezza*, qui a ses sources sur le territoire sarde. Entre la Maggia et le Tessin, le lac Majeur reçoit encore les eaux de la *Verzasca*, qui sort de la sauvage vallée à laquelle elle donne son nom.

Toutes ces rivières grossissent quelquefois au moment de la fonte des neiges ou après de grandes pluies, au point d'occasionner d'immenses désastres le long de leurs rives; tel fut le cas en septembre 1829 et les 26 et 27 août 1834.

La *Tresa* est une rivière considérable, qui emporte au lac Majeur le superflu du lac de Lugano; elle fait la limite du Tessin et de la Lombardie sur une longueur de deux lieues. Elle pourrait être rendue navigable ou canalisée, ce qui aurait l'avantage de faire communiquer le lac Lugano et le lac Majeur. Nommons enfin la *Breggia*, qui descend du Monte Gemeroso, et va se jeter dans le lac de Côme.

LACS ET CASCADES. — La partie septentrionale du lac Majeur appartient au canton. Ce lac portait autrefois le nom de *Verbano*, qu'il devait à la grande quantité de verveine, *verbena*, qui croît sur ses bords. Sa profondeur est, en général, de 6 à 900 pieds (on prétend même qu'elle est de 800 *mètres* entre le rocher de Sainte-Catherine, sur la rive orientale, et celui de Farré, sur la rive occidentale; elle n'est que d'environ 200 pieds entre Locarno et Magadino.

La navigation y est très-considérable et généralement sûre, parce que les côtes sont presque partout facilement abordables. Plusieurs bateaux à vapeur le sillonnent. Ses rives escarpées et sauvages sur quelques points offrent une foule de tableaux riants; elles sont animées par un grand nombre de bourgs et de villages. Deux îlots, situés non loin d'Ascona, portent le nom d'Iles des Lapins (*dei Conigli*). A l'entrée d'un golfe qui s'ouvre sur la rive piémontaise, se trouvent les célèbres îles Borromées, qu'à l'envi la nature et l'art se sont plu à embellir.

La plus grande partie du lac de Lugano appartient au canton du Tessin, et le reste à la Lombardie. Ce lac, de figure très-irrégulière, forme plusieurs golfes profonds; il est riche en points de vue pittoresques. Il a sa plus grande largeur en face de Lugano, où elle est d'environ une lieue. Il paraît que Grégoire de Tours, qui vivait au 6º siècle, est le premier auteur qui le mentionne sous le nom de *Ceresius*; de là le nom de *Ceresio* qu'on lui donne souvent encore. La navigation est moins active que sur le lac Majeur, qui a l'avantage de communiquer par le Tessin avec le Pô et la mer Adriatique; elle n'est cependant pas dangereuse, la côte offrant un grand nombre de places d'abordage.

Le canton possède en outre quelques petits lacs,

tels que le lac *Muzzano*, entre Lugano et Agno, le lac *Origlio*, à trois lieues au nord de Lugano, les deux lacs du val Piora, entre Airolo et Santa-Maria, sur le Lukmanier; les lacs du Saint-Gothard, au nord de l'hospice, dont l'un, celui de *Luzendro*, donne naissance à la Reuss, et les autres au Tessin, etc.

Parmi les cascades les plus remarquables du canton, on peut citer celles que forme le Tessin au-dessus de Giornico; celles de la Barolgia et de la Cremosina, non loin du même village; celle de la Piumegna, près Faido.

SOURCES MINÉRALES. — On trouve dans le Tessin des sources tièdes et des sources froides. Au nombre des premières est l'*Acqua Rossa*, dans le val Blegno, avec un petit établissement pour les baigneurs. Près de Stabbio, il existe une source sulfureuse. Quant aux sources froides, la principale est celle de la Navegna, à une lieue de Locarno, près de la route de Bellinzone. Il jaillit de petites sources sulfureuses entre Magadino et Vira, et près de Brissago, et une source ferrugineuse sur l'alpe de Prato, dans le val Maggia.

HISTOIRE NATURELLE. — De même que dans les cantons voisins, Vallais et Grisons, les loups et les ours ne sont pas rares dans le Tessin; on y trouve aussi des renards, des martres, des blaireaux, des lièvres blancs, des écureuils, des loutres, des chamois et des marmottes. Les eaux du canton sont très-poissonneuses; la truite abonde dans les deux grands lacs, et remonte dans les rivières qui s'y déchargent ; l'anguille se trouve en grand nombre dans la Tresa et dans le golfe d'où elle sort. Nommons, en outre, l'alose, l'aunée, le brême, le brochet, etc. On trouve dans les expositions chaudes des aspics et des vipères ; celles-ci sont venimeuses ; on cite particulièrement les environs de Morcote et de Castagnola comme infestés de ces reptiles.

Le botaniste peut faire, dans le canton, une abondante récolte. Le Saint-Gothard, exposé tour à tour à des froids intenses, aux vents tièdes d'Italie et à l'air humide de la Suisse, offre un singulier mélange de plantes grasses et de plantes de Suède et de Laponie. On y trouve un grand nombre de plantes rares. Des cultures très-variées réussissent dans le canton. On peut le diviser, sous le rapport de la végétation, en cinq zônes, un peu différentes de celles qu'on observe dans le reste de la Suisse. La première est la région de la vigne et des doubles moissons ; on y trouve le grenadier, le laurier, le figuier, le pêcher. L'olivier, l'oranger, le limon et le citronnier prospèrent dans quelques localités les plus favorables au bord des lacs Majeur et de Lugano. Vient ensuite la région des châtaigniers, qui s'élève jusqu'à 3,000 pieds. Cet arbre croît encore plus haut, au sud du mont Cenere. La troisième est la région des sapins, qui s'étend de la hauteur de 3,000 à celle de 5,000 pieds ; le cerisier et le prunier y croissent encore dans les parties les plus basses. Airolo, Fusio, dans le val Lavizzara, se trouvent dans cette zône. La région suivante est celle des Alpages, qui s'étend de 5,000 à 6,500 pieds, et qui comprend en particulier les pâturages du Saint-Gothard, du val Piora, et quelques autres, qui abondent en herbes aromatiques. Vient enfin la région alpine supérieure, où l'on trouve encore sur quelques points des pâturages d'été, tandis qu'en d'autres lieux peu accessibles aux rayons du soleil, la neige persiste toute l'année.

Les montagnes du Tessin offrent au géologue un champ varié d'études ; du Saint-Gothard à Bellinzone et à Locarno, elles appartiennent, pour la plus grande partie, à la formation primitive, et se composent essentiellement de gneiss, de granit, de schiste micacé, etc. La chaîne du Saint-Gothard est couverte d'une masse énorme de débris, et porte les traces d'une vaste destruction ; il est hors de doute que des sommités entières ont dû s'abîmer. Le Saint-Gothard est remarquable aussi par l'abondance des minéraux divers qu'on y rencontre, topazes, siénites, grenats, etc. Les torrents qui descendent des vals Verzasca, Onsernone et Centovalli, coulent dans des gorges étroites, qui doivent résulter de secousses et de déchirures violentes ; c'est ce que prouvent les angles saillants correspondant à des angles rentrants. — On exploite de la chaux et du gypse en diverses localités ; des grès au sud du lac de Lugano ; de la pierre ollaire au nord du district de Maggia, dans les vals Peccia et Bavone. On exploite près d'Azzo et de Stabbio des marbres verts; à Azzo et à Besazio, ceux connus sous les noms de *macchia vecchia* et de *broccatello*; ce sont des marbres rougeâtres, ou mélangés de rouge, jaune et blanc, et susceptibles du plus beau poli.

Antiquités. — Dans la commune de Rovio, située sur les hauteurs de la rive gauche du lac de Lugano, ont été trouvées quelques belles urnes en argile fine, dont plusieurs sont ornées de fleurs en relief; elles contenaient des cendres et des restes d'os et de charbon, une petite aiguille en cuivre, et d'autres instruments du même métal. Au village de Stabbio, qui doit tirer son nom d'un *stabulum* ou étable de la cavalerie de César, on lit à un angle extérieur de l'église une inscription funèbre gravée contre un fort pilier de marbre; le pilier porte un chapiteau d'où sort un beau cep de vigne, entre les branches duquel on voit de petits oiseaux piquer des raisins. On a déterré au même lieu, en 1833, une urne funéraire contenant des ossements, des armes, des objets de vêtement et de parure d'origine romaine. Dans le voisinage est Ligornette, dont la fontaine porte le nom de *fontaine de Mercure;* on y lisait autrefois le nom de *Mercurio* sur une inscription. Sur la place Saint-Joseph, où a dû exister autrefois un temple de Mercure, on trouva en creusant, à peu de profondeur, des monnaies romaines, et dans les environs, des urnes cinéraires et autres objets. En construisant la route de Lugano à Melide, en 1817, on a découvert, dans la paroisse de Calprino, plus de 400 monnaies romaines, des ustensiles en fer, des urnes lacrymatoires, des lampes, etc.; on suppose qu'il y avait là un lieu de sépulture d'une colonie romaine. Plusieurs noms de lieux indiquent une origine romaine, tels sont : *Mezzovico, Sonvico* (Summo vico), *Vico Morcote, Agra, Stabbio,* etc.

Il y avait aussi, sur les territoires de Lugano et de Locarno, un grand nombre de châteaux, dont plusieurs remontent à une époque très-reculée; tels sont, près de Sessa, le Castelrotto; près de Magliaso, le castel San-Giorgio, dont on attribue la fondation primitive aux Gaulois, et la restauration aux Lombards; le castel de Locarno, qui fut une des forteresses les plus importantes de l'ancien Etat de Milan, et dont on fait aussi remonter la fondation aux Gaulois.

HISTOIRE. — Les habitants du territoire qui forme maintenant le canton du Tessin furent soumis par les Gaulois, qui, à l'époque de Tarquin l'Ancien, passèrent les Alpes et occupèrent l'Insubrie et le pays entre l'Adda et le Tessin. Plus tard, cette contrée fit partie de la province que les Romains appelaient la *Gaule Cisalpine*. On suppose que l'Evangile y fut prêché par le quatrième évêque de Côme, saint Abondio, vers l'an 450. D'après un document de 721, mais d'une authenticité douteuse, Luitprand, roi des Lombards, aurait cédé à l'évêque de Côme, Théodat, le comté de Bellinzone, dont les revenus étaient destinés à sa mense. Le roi Henri donna, dans le 11e siècle, l'investiture du comté de Bellinzone à Berno, évêque de Côme. — Au commencement du 12ᵉ siècle, éclata entre les Milanais et les habitants de Côme, à l'occasion d'une double nomination à l'évêché de cette ville, une terrible guerre civile, durant laquelle les vallées tessinoises eurent beaucoup à pâtir. L'archevêque de Milan fit alors la guerre à Côme, et les bords du lac de Lugano devinrent fréquemment le théâtre de la lutte, laquelle se renouvela plusieurs fois jusqu'en 1127, où Côme fut prise et démantelée par les Milanais. Durant le 13ᵉ siècle, les hostilités et les actes de vengeance entre Milan et Côme continuèrent à désoler le pays.

Ce fut en 1331 que les troupes d'Uri franchirent pour la première fois le Saint-Gothard, pour venger les habitants d'Urseren de ceux de la Léventine, qui étaient soumis au chapitre de la cathédrale de Milan, et qui molestaient les commerçants à leur passage. En 1339, les Rusconi se révoltèrent contre L. Visconti, qui gouvernait Milan. La seconde partie du 14ᵉ siècle fut tranquille. Mais le 15ᵉ siècle fut signalé par une suite de guerres et d'autres calamités. En 1422, les milices d'Uri et d'Unterwald, aidées de leurs confédérés, passèrent les monts, au nombre de près de 3,000. Ce petit corps se laissa surprendre à la jonction du Tessin et de la Mæsa, par l'armée ennemie, forte de 18,000 hommes, et commandée par deux braves capitaines, Angello della Pergola et Carmagnola. Une longue et sanglante bataille fut livrée, le 30 juin, sur la plaine entre Arbedo et Bellinzonne. Les Confédérés perdirent 400 des leurs et une partie de leurs bagages, mais ils restèrent maîtres du champ de bataille. Bellinzone fut replacé sous la juridiction de Côme.

En novembre 1478, sur un léger prétexte, les troupes d'Uri, renforcées d'auxiliaires d'autres cantons, franchirent de nouveau le Saint-Gothard et s'avancèrent jusqu'à Bellinzone ; mais, apprenant l'arrivée d'un corps ennemi, les Confédérés se retirèrent avant que la saison fût devenue trop rude.

A la fin du 15e siècle, le sort des vallées tessinoises était très-malheureux. La lutte des Guelfes et des Gibelins continuait encore et attristait le pays par des scènes de violence et de cruauté. En 1500, Bellinzone, afin de se soustraire aux maux de la guerre, se plaça sous la puissante protection des Suisses, et se livra volontairement, sous réserve de quelques libertés, aux cantons d'Uri, Schwytz et Unterwald. Quand le pape se fut ligué, en 1512, avec diverses puissances contre Louis XII, les Suisses, au nombre de 18,000, descendirent des Alpes, chassèrent les Français de Lombardie, et placèrent Maximilien Sforza à la tête du duché de Milan. L'année suivante, les Suisses gagnèrent à Novare une glorieuse bataille sur les Français ; mais, en 1515, ils essuyèrent, à Marignan, un sanglant échec, à la suite duquel ils durent se retirer dans leurs montagnes. Enfin, en 1516, fut conclu un traité d'amitié éternelle.

Dès-lors les bailliages de Lugano, Mendrisio,

Locarno, val Maggia, furent gouvernés par les douze cantons.

Les Léventins avaient bravement combattu dans les rangs des Suisses et contribué à leurs victoires; cependant Uri prétendait que les frais de leurs services devaient retomber en entier sur le bailliage. Sur la vive réclamation de celui-ci, les députés des cinq cantons catholiques condamnèrent Uri à payer une solde au peuple de la Léventine. Uri reconnut ses torts, et résolut de ne plus les appeler *ses sujets*, mais *ses chers et fidèles concitoyens*. — En 1755, Uri ordonna qu'un inventaire de leurs biens serait dressé. Cette mesure excellente fut mal comprise. La Landsgemeinde d'Uri (27 avril) somma les Léventins de se soumettre. Au lieu d'optempérer à cette sommation, les Léventins attentèrent à la vie du bailli Gamma et du receveur du Platifer. Cependant, dès que les contingents d'Unterwald et d'Uri parurent sur le Saint-Gothard, les chefs perdirent courage et se réfugièrent sur les montagnes. Les libertés qu'on avait laissées à la Léventine furent retirées, et on lui imposa de se servir d'une formule humiliante (*très-humbles sujets*) quand elle aurait à s'adresser à ses souverains.

Après la conquête de la Lombardie par les Français, en 1796, les bailliages conçurent quelque espérance de liberté; mais le peuple de Lugano et de Mendrisio se prononça hautement pour le maintien de son union avec la Suisse; il éleva des arbres de liberté et créa un Gouvernement provisoire.

Après Marengo, le Tessin fut occupé par les Français. Il arriva aussi un nouveau commissaire du Directoire helvétique, le célèbre Zschokke, pour réorganiser le pays. Une amnistie générale fut proclamée. Par l'Acte de Médiation, les huit bailliages furent réunis en un seul canton.

Après le rétablissement complet de la paix en 1815, le Gouvernement put rentrer dans la voie des améliorations. Il concourut à la création de la route du Bernardin qui fut construite avec l'aide du Piémont. Quelques années plus tard, il créa lui-même l'admirable route du Saint-Gothard.

En 1830, une Commission du Grand Conseil fut chargée de rédiger un projet, et celui-ci fut adopté le 23 juin par l'assemblée, puis sanctionné avec empressement par le peuple. Dès-lors le canton a continué à marcher, quoique lentement, dans la voie du progrès; on s'est occupé particulièrement de l'instruction et de la législation. Dans les affaires fédérales, le canton, après quelques indécisions, s'est rangé parmi ceux qui étaient partisans des réformes ; il a fait partie de la majorité lors de la guerre du Sonderbund, et a pris part à la lutte. Puis il a accepté la nouvelle Constitution fédérale.

CONSTITUTION. — La Constitution du 23 juin 1830 a réduit le nombre des membres du Conseil d'Etat à neuf, et la durée de leurs fonctions à quatre ans. Il est présidé par un de ses membres, qui change de mois en mois. Le Grand Conseil nomme son président dans son sein, et pour quatre ans les membres du Tribunal d'appel, ainsi que les juges de district, ces derniers sur une présentation des cercles. Les juges de paix sont élus directement par les cercles. — Par suite de la Constitution fédérale, on a dû modifier les conditions électorales d'âge et de fortune. En mars 1855, quelques points ont aussi été révisés : le Conseil d'Etat a été réduit à sept membres ; le principe du jury a été consacré.

Cultes. — La religion catholique est la religion de l'Etat. Autrefois, lorsque les baillis appartenaient à la religion réformée, il ne leur était pas même permis de se livrer dans leurs demeures aux exercices de leur culte. Un tiers du canton, comprenant la Léventine et les vals Blegno et Riviera, appartient aux diocèse de Milan, et suit le rite ambrosien ; le reste du pays appartient au diocèse de Côme, et suit le rite romain. On compte dans le canton 650 églises ou chapelles, et environ 230 paroisses. Outre les curés, il y a un grand nombre de chapelains.

Instruction publique. — Malgré les améliorations introduites depuis la création du canton, le Tessin est encore bien arriéré sous ce rapport. Les progrès sont lents, vu la résistance ou l'insouciance des communes. Il existe des colléges dans plusieurs couvents. Ascona possède un collége ou séminaire fondé dans le 16° siècle par les legs de deux citoyens. La Léventine possède aussi, à Poleggio, un séminaire fondé en 1622 par le cardinal Frédéric Borromée. Locarno a une Ecole littéraire. Le Gouvernement actuel se propose, dit-on, d'améliorer, en la centralisant, l'organisation des études. Plusieurs couvents possèdent des bibliothèques.

AGRICULTURE, INDUSTRIE, COMMERCE. — La plus grande partie des habitants se voue à l'agriculture et à l'économie alpestre. Jusqu'à ces dernières années, l'agriculture est restée assez peu avancée, malgré la fertilité générale du sol. La culture de la vigne est très-étendue dans toute la partie méridionale du canton. Elle se fait de diverses manières. Tantôt la vigne est en *hutins*, c'est-à-dire en lignes régulières au milieu des champs ; ou bien elle s'appuie contre des ormeaux, des muriers, etc. ; c'est ainsi qu'on la voit dans les districts de Locarno et de Mendrisio ; à Bellinzone, elle est attachée à des échalas ; dans la contrée de Lugano, on la cultive en terrasses ; ailleurs encore, elle est en forme de treilles. Les districts méridionaux sont propres à la culture des céréales et du maïs ; on y fait, en beaucoup d'endroits, deux récoltes par an. On cultive du tabac dans les districts de Lugano et Mendrisio. Diverses espèces de châtaigniers croissent en abondance, et fournissent à un grand nombre d'habitants la nourriture d'un ou deux mois. La culture des mûriers prospère aussi, et l'élève des vers-à-soie a été introduite dès longtemps. On cultive dans les parties basses beaucoup d'autres arbres fruitiers. Les oliviers ne viennent guère que sur les bords du lac de Lugano, à Castagnola, à Gandria, à Melide, etc., et sur ceux du lac Majeur.

On trouve sur les montagnes, surtout dans la partie septentrionale, une grande quantité de pâturages, où l'on mène, en été, de nombreux troupeaux. La race bovine est inférieure à celle des cantons voisins ; les meilleures vaches sont celles de la Léventine.

On trouve aussi diverses industries dans le canton. Lugano et Mendrisio possèdent des filatures de soie, des teintureries, des tanneries. Beaucoup d'habitants sont occupés du transport des marchandises par le Saint-Gothard et le Bernardin. D'autres travaillent comme bûcherons, ou s'occupent de chasse et de pêche. — Mais un grand nombre de Tessinois se rendent dans les pays étrangers, surtout en Italie, pour y exercer quelque industrie. D'autres s'expatrient pour plusieurs années. En revanche, il vient dans le canton un certain nombre d'ouvriers étrangers, qui travaillent le sol, ainsi que des cordonniers de la Valteline, des forgerons, des charpentiers de la Lombardie, etc. — Le canton exporte principalement des vins, des fromages, des fruits, de la soie, des bois, des charbons, etc.; son commerce de transit est considérable.

HOMMES DISTINGUÉS. — Au nombre des savants qu'a produits le Tessin, l'on peut citer le père *Fr. Soave*, de Lugano, qui fut choisi par Napoléon pour être un des trente premiers membres de l'Institut national ; — *Cetti*, de Lugano, qui étudia sous le célèbre Mezzofanti, et connaissait toutes les langues d'Europe, ainsi que l'hébreu et l'arabe ; — *Gianella*, savant mathématicien, qui fut ami du célèbre Lagrange. — Le canton a donné le jour à plusieurs médecins remarquables, tels que *Camuzio*, qui fut médecin de l'empereur Maximilien II; *Pierre-Antoine* et *Pierre Magistrati*, qui pratiquèrent à Milan ; le second fut un célèbre oculiste, et professa l'anatomie.

Mais c'est surtout dans les beaux-arts que le Tessin peut nommer avec orgueil de très-nombreuses illustrations ; peu de pays ont produit autant d'habiles peintres, sculpteurs et architectes. Mentionnons-en quelques-uns : *Dom Pozzi* remporta à 21 ans le prix de peinture à Parme, et plus tard à Rome ; il travailla en Allemagne et à Milan ; *Albertolli*, de Bedano, se distingua comme peintre d'ornementation, et travailla à un grand nombre de palais. — Parmi les sculpteurs, nous nommerons *Roderi*, de Maroggia, qui a travaillé à la cathédrale de Côme ; *G. Mola* de Coldrerio a exécuté les quatre évangélistes de la cathédrale de Côme ; *Fr. Carabelli* et *G. Rusca* ont travaillé au dôme de Milan ; *B. Falconi*, de Lugagno, fut, avec Zanelli de Pavie, auteur de la célèbre statue colossale de Charles Borromée, érigée au-dessus d'Arona en 1697.

Trois architectes de Carona, nommés *Gaspard*, *Thomas* et *Marcus*, furent chargés, en 1399, de la construction du dôme de Milan. *Borromini*, de Bissone, éleva plusieurs palais et églises, et travailla pour les Visconti. *Ch. Fontana* fut, ainsi que son fils, architecte du Vatican. *Morettini* éleva, sous Louis XIV, une forteresse à Besançon, et rétablit celle de Berg-op-Zoom. *Gilardi* fut employé à la réédification de Moscou, après 1812. *Meschini* exécuta la belle route du Saint-Gothard; *Pocobelli* créa celle du mont Cenis et celle du Saint-Bernardin, dans les Grisons

Mœurs, Coutumes, Caractère. — La physionomie et le tempérament du peuple tessinois diffèrent notablement de ceux des habitants du revers septentrional des Alpes. Il est doué des dispositions les plus heureuses. On peut dire que les Tessinois sont hardis, persévérants et capables d'endurer les plus grandes fatigues. Sous le rapport de l'intempérance, la plupart des Suisses n'ont probablement rien à leur reprocher. Les habitants du Tessin sont, en général, vifs et emportés; il y a chez eux des haines de parti très violentes, des jalousies entre les campagnes et les villes, et des rivalités entre celles-ci.

Le peuple tessinois est très dévot et va au-delà de ce qu'on exige de lui en fait de pratiques religieuses.

Dans les contrées élevées, les habitations sont généralement construites en bois, à la manière de la Suisse allemande, et offrent l'apparence de la propreté et d'une certaine aisance. Dans les contrées basses, les maisons des paysans sont bâties en pierres, mais avec peu de goût. Les costumes ne présentent presque rien de particulier ; ce n'est que dans quelques vallées peu fréquentées que les femmes ont conservé quelques restes de leur ancien costume.

BELLINZONE. — Cette jolie petite ville qui, en 1860, comptait 2,000 habitants, est située sur la rive gauche du Tessin. Elle est entourée d'une riche végétation, et dominée par de belles montagnes. Les quatre routes du Saint-Gothard, du Saint-Bernardin, de Lugano et de Locarno, qui s'y réunissent, lui donnent une assez grande importance commerciale. Placée dans un défilé, et défendue par de hautes murailles et trois châteaux, elle dut être aussi une place importante sous le point de vue militaire ; aussi a-t-elle été fréquemment un objet de contestation entre les Milanais et les Suisses. Les châteaux qui dominent la ville, et qui lui donnent un aspect très pittoresque, étaient la résidence des trois baillis. Le grand château, *Castel grande*, ou château d'Uri, est situé à l'ouest sur une colline isolée ; on y voit encore deux tours ; il sert de maison de force et d'arsenal. A l'est, se trouvent le château du milieu, *Castel di mezzo*, qui appartenait à Schwytz, et le *Castel di cime* ou *Corbè*, ou château d'Unterwald ; ce dernier, le plus élevé des trois, tombe en ruines. Depuis la création du canton, Bellizone fut le chef-lieu jusqu'en 1814. Dès-lors, il a alterné, de six en six ans, avec Lugano et Locarno.

La principale église, située sur la place du marché, est un édifice en style moderne; son carillon est harmonieux; la chaire a quelques bas-reliefs historiques. L'église Saint-Blaise, près la porte de Lugano, doit être très-ancienne. A l'ouest de la ville, on passe le Tessin sur un pont de pierres de dix arches, long de 714 pieds. Une forte digue, longue de 2,400 pieds, protége la ville contre les débordements de la rivière. On jouit de beaux points de vue près des trois châteaux.

Val Riviera. — On appelle ainsi la partie de la vallée du Tessin qui s'étend du confluent de la Mœsa à celui du Blegno. La végétation y est riche; mais le Tessin et d'autres torrents y causent souvent de grandes dévastations. Le chef-lieu est *Osogna*, dont l'église est placée sur une hauteur; au sud du village, la Roggera se précipite de la montagne en formant des cascades. C'est à une lieue de Biasca qu'une chute de montagnes intercepta, en 1512, le cours du Blegno; ses eaux formèrent un grand lac, dont la débâcle causa, deux ans plus tard, une terrible inondation. Le village de *Pontirone* est situé à une grande hauteur sur une montagne escarpée.

Val Léventine. — On comprend sous ce nom toute la partie supérieure de la vallée du Tessin, depuis les sources de la rivière jusqu'à Biasca. Ce district possède un grand nombre d'alpes, et produit les meilleurs fromages du canton. Entre *Bodio* et *Giornico*, l'on passe près des *Sassi grossi*, gros blocs de pierre placés comme monument en mémoire de la victoire remportée en ce lieu, le 28 décembre 1498, par 600 Suisses et Léventins, sur 15,000 Autrichiens. On voit à Giornico une très-vieille et haute tour, des restes d'antiques fortifications, une belle église paroissiale. Les environs sont romantiques, ornés de magnifiques châtaigniers et de grandioses cascades (celles de la Barolgia et de la Cremosina). C'est à Giornico que finit la plaine qui commence au bord du lac Majeur; c'est aussi là que finit le climat italien. *Faido*, chef-lieu de la vallée, est un bourg de 700 habitants; il possède quelques belles maisons, des teintureries, de bonnes prairies. Vis-à-vis du village est la belle cascade de la Piumegna, et à quelque distance celle de la Cribiaschina. Au-dessus de Faido, la route s'engage dans une nouvelle gorge gigantesque, où elle franchit trois fois la rivière. La vallée est presque fermée par les escarpements du mont Platifer ou Piottino. Les eaux du Tessin se précipitent avec furie dans l'issue étroite qui leur est laissée. Après avoir passé devant la belle cascade de la Calcaccia, on franchit encore un défilé, celui de Stalvedro, où la route perce quatre galeries. Sur la rive droite s'élèvent les ruines massives d'une tour lombarde en marbre (1).

On arrive bientôt à *Airolo*, village élevé de 3,800 à 3,900 pieds, et dominé par de hautes montagnes. On y voit les restes d'une tour attribuée à Desiderius ou Didier, roi des Lombards. C'est à Airolo

(1) Les chemins de fer ont bien simplifié les fatigues de ces voyages pour les touristes et les commerçants d'aujourd'hui.

qu'on commence à gravir la pente du Saint-Gothard. La route s'élève peu à peu, en faisant de nombreux zigzags dans le sauvage val Tremola, où tombent d'énormes avalanches, et qui est exposé à des tourmentes de neige. Au sommet, s'étend un vaste plateau tout couvert de débris et entouré de cimes neigeuses; on y voit plusieurs petits lacs. La masse de neige qui s'accumule sur le plateau est souvent très-considérable.

On peut d'Airolo se rendre au Lukmanier et à Disentis par le val Piora, où l'on trouve deux ou trois petits lacs et de très-beaux pâturages; un autre sentier conduit dans le val Lavizzara par un col assez élevé et par les pâturages de Campo la Torva. Enfin, d'Airolo, l'on peut remonter le val Bedretto, qu'arrose un bras du Tessin. Cette vallée, qu'entourent plusieurs glaciers, est élevée et froide; il y croît cependant un peu de seigle; elle est ravagée, en hiver, par de formidables avalanches. Plusieurs fois l'église et la cure de *Bedretto* ont été atteintes. Les habitants de la vallée ont l'esprit vif et joyeux. A l'ouest de Bedetto se trouve l'hospice *All'Acqua*, élevé de 4,940 pieds. Un sentier conduit de là en Vallais par le col de Novena ou Nüfenen; un autre mène en Piémont, dans la belle vallée de Formazza; un troisième aboutit à Bosco, dans le val Cavergna.

VAL BLEGNO (ou Blenio ou Brenno). — Cette vallée s'étend entre de hautes montagnes; elle est très fertile; on y cultive la vigne, surtout sur la rive droite de la rivière. Les châtaigniers prospèrent jusqu'à Aquila et les noyers jusqu'à Olivone. Une très-bonne route suit la rive gauche ; elle traverse d'abord les débris de l'éboulement de 1512 ; près de Malvaglia, elle passe devant l'issue d'une gorge étroite et sombre, au fond de laquelle coule le torrent nommé Lorina. Dans le voisinage, est aussi le profond ravin de la Leggiuna. Deux lieues plus haut, est *Olivone*, village pittoresquement situé à la jonction de deux vallées ; à l'ouest, s'ouvre le val Zura, qui conduit au Lukmanier ; on y trouve les petits hospices de Camperio et de Casaccia. L'autre vallon est plus sauvage et continue dans la direction du nord ; il se bifurque à Ghirone, d'où partent des sentiers qui conduisent dans le val Sumvix et dans le val Saint-Pierre, au canton des Grisons.

VAL VERZASCA. — Cette vallée, peu fréquentée, débouche un peu à l'est de Locarno. Elle est arrosée par la rivière de même nom qui coule au bas d'une profonde crevasse, dont les parois sont tellement escarpées qu'on ne peut y suivre sans danger les sentiers pratiqués sur leurs flancs. Le premier village qu'on rencontre est celui de *Mergoscia*, dont les habitations sont construites les unes au-dessus des autres ; la vigne y couvre le toit des maisons. Deux lieues plus loin, on passe *à Val della Porta*, et l'on franchit un pont situé dans une contrée affreuse.

LOCARNO, ville de 3,000 habitants, est le chef-lieu du plus étendu des districts du canton, lequel comprend les vallées de Verzasca, de Centovalli et d'Onsernone, ainsi que les rivières du lac Majeur, jusqu'aux frontières du Piémont et de la Lombardie. Locarno occupe une situation magnifique au bord du lac Majeur ; mais la contrée est peu salubre. Vu son exposition au sud-ouest, il jouit d'un climat extrêmement doux ; la végétation y a un caractère tout italien ; le citronnier et l'oranger n'exigent que peu de soins en hiver. La ville possède un port, une grande place, un petit jardin public, près duquel on a construit, il y a quelques années, un hôtel destiné aux autorités cantonales ; un hôpital, une école littéraire, plusieurs églises et couvents. Les environs présentent de très-beaux points de vue sur le lac et sur ses rives, particulièrement sur le coteau où s'élève le couvent de la Madone du rocher (*Madonna del Sasso*); l'église est richement ornée et contient plusieurs belles statues. Le site de Tenero, près de l'embouchure de la Verzasca, est aussi très-remarquable, ainsi que celui du Ponte-Brolla, pont en pierre jeté au-dessus de la gorge profonde de la Maggia, près de son confluent avec la Melezza ; on y découvre une vue magnifique sur le lac Majeur, sur l'ouverture des vals Centovalli et Onsernone, sur le mont Finero, etc.

Au sud de Locarno, l'on passe la Maggia sur un pont de onze arches ; non loin de là est *Ascona*, village dominé par les restes de deux ou trois châteaux, et qui possède un beau collége ou séminaire.

Le grand village de *Brissago*, voisin de la frontière sarde, a de jolies maisons, qui sont l'indice du bien-être dû à l'industrie et à l'économie de ses habitants. Le rivage y est bordé de terrasses d'orangers et de citronniers; les coteaux voisins sont couverts de villas entourées de figuiers, d'oliviers, de grenadiers. En face de Locarno, l'on voit *Magadino*, sur la rive gauche du Tessin; ce village, situé dans une contrée malsaine, est devenu le port principal des bateaux à vapeur sur le territoire tessinois.

Vals Centovalli et Onsernone. Près de Ponte Brolla, la Melezza se joint à la Maggia, après avoir serpenté au bas de profonds précipices, entre deux montagnes escarpées et sillonnées par un grand nombre d'angles saillants et rentrants tellement prononcés, qu'ils forment comme autant de petits vallons; de là le nom de *Centovalli*, Cent Vallons. Cette vallée est une des plus hautes du canton; quelques places du revers méridional sont privées de soleil durant trois mois d'hiver. Une route conduit par cette vallée de Locarno à Domo d'Ossola. Le village d'*Intragna* est dans une belle position, au confluent de la Melezza et de l'Onsernone. Près de *Borgnone*, on admire les cascades pittoresques de San-Remo et de la Richiusa, l'aspect affreux des gorges profondes et déchirées qu'on aperçoit de la chapelle *delle Pene*, le superbe site du hameau *della Rosa*, les formes gigantesques du Finero, qui s'élève au fond de la vallée piémontaise de Canobbia.

A Intragna, s'ouvre la vallée d'Onsernone par une gorge très-étroite. Cette vallée possède de beaux pâturages et de magnifiques forêts. Les femmes s'occupent de la fabrication des chapeaux de paille. Le village d'*Auressio* est séparé de Loco par un abîme d'une immense profondeur. A *Mosogno*, la contrée prend un air alpestre.

VAL MAGGIA. — Cette vallée, qui débouche près de Ponte Brolla, est parcourue par une belle route. La Maggia y cause souvent d'affreux ravages. On y fabrique d'excellents fromages, connus sous le nom de *fromages de paille*, parce qu'on les enveloppe de paille pour les porter au marché. En remontant la vallée, on rencontre *Maggia*, riche en vignes et en châtaigniers ; *Giumaglio*, où un torrent forme plusieurs cascades ; les figuiers croissent jusqu'ici ; *Someo*, ou le Soladino, fait une des cascades les plus pittoresques du canton. Plus haut, la vallée prend le nom de *Lavizzara* ou *Lavezzara*, du mot *laveggi*, vases de pierre ollaire. Au-delà de Peccia, une montée rapide avec de nombreux zigzags, conduit au village de *Fusio*. Près de Cevio, s'ouvre, à l'ouest, le val di Campo, qui conduit à *Bosco* ou Gurin, seul village de langue allemande ; de Bosco, l'on se rend dans le val piémontais de Formazza, par la Furca di Bosco, du haut de laquelle on jouit d'une belle vue sur le magnifique glacier de Gries, sur la chute de la Toccia et sur le val Formazza.

VILLE ET LAC DE LUGANO, SAN-SALVATORE, etc. — Lugano est situé sur le penchant d'une colline, au fond d'un golfe gracieux du lac du même nom. Ses habitants sont au nombre de 6,000 ; c'est l'endroit le plus peuplé du canton. Cette ville occupe une des situations les plus remarquables de la Suisse ; ses environs peuvent, pour l'extrême variété de ses sites, être comparés à ceux de Lucerne ; ils l'emportent pour la richesse de la végétation. A l'est, s'élèvent les pentes du mont Bré, couvertes de villages et de maisons de campagne entourées de treilles de vigne, d'oliviers, de citronniers, d'amandiers que reflète pittoresquement la surface verdoyante des eaux ; au sud-ouest, se dresse la pyramide du San-Salvatore ; sur la rive opposée, les pentes escarpées du mont Caprino ; au-dessus de la ville, le sol s'élève de terrasses en terrasses ; dans le lointain apparaissent les cimes neigeuses du Camoghé.

Les églises les plus remarquables de Lugano sont :

La cathédrale de San-Lorenzo, construite sur une éminence qui commande un beau point de vue ; le portail est richement orné de sculptures attribuées à divers artistes distingués, et la façade doit avoir été faite d'après les dessins de Bramante. Dans une belle chapelle de la Vierge des Grâces, sont suspendus les drapeaux enlevés, en 1798, aux Cisalpins, qui avaient envahi ce district. L'église de Sainte-Marie des Anges, fondée en 1499, possède plusieurs tableaux de B. Luino, entre autres un admirable crucifiement où figurent un nombre in-

...ui de personnes en attitudes et costumes divers, et une madone placée au-dessus de la porte du cloître. La position de Lugano est très-favorable au commerce, et sa foire d'octobre lui procure une grande activité d'affaires.

Soit qu'il navigue sur le lac de Lugano ou qu'il se promène sur ses bords, partout les aspects les plus pittoresques surprennent le voyageur; ses divers golfes présentent une succession de tableaux les plus variés; les contrastes de la nature sauvage et de la nature civilisée s'y rencontrent presque à chaque pas. Du côté de l'est, on trouve *Castagnola*, une des contrées les plus riantes du canton; la végétation, abritée contre le vent du nord, y est très-précoce. Plus loin, à *Gandria*, la rive devient escarpée, ses maisons blanches s'élèvent en amphithéâtre et sont entourées de figuiers, d'oliviers, de citronniers. Sur l'autre rive est *Osteno*, au débouché du val Lombard d'Intalvi; on y voit une grotte remplie de belles stalactites. Entre Osteno et les vals du Caprino, s'ouvre le val Mara, où l'on exploite une espèce de tuf dont se servent les architectes de Lugano. La base du mont Caprino, qui s'élève en face de Lugano, est remplie de fentes ou grottes d'où sort toujours en été un vent très-froid, et qu'on nomme caves ou *cantines*, ou *cavernes d'Eole*. Plus loin, *Bissone*, lieu de naissance des architectes Borromini et Ch. Maderno; puis *Melano*, que dominent des montagnes pittoresques et qu'anime une belle cascade; enfin, *Ca-*

polago, ainsi nommé à cause de sa position à l'extrémité d'un golfe; il y existe une imprimerie considérable, fondée en 1830.

Au sud de Lugano, s'étend une presqu'île longue de deux à trois lieues, où s'élève le mont pyramidal du San-Salvatore. De la langue de terre de San-Martino, la vue du lac, dans toutes les directions, est vraiment admirable. A la pointe méridionale de la presqu'île, sont adossés à une pente pittoresque les villages de *Morcote* et de *Vico Morcote*. Un escalier de trois cents marches conduit à l'églie de Marcote. On voit dans le voisinage un beau jardin de citronniers et les restes d'un château construit vers l'an 1000. Au fond des deux golfes occidentaux, *Agno* et *Ponte Tresa* occupent aussi des sites remarquables. — Mais c'est surtout le San-Salvatore que les voyageurs ne doivent point oublier de visiter. En partant de Lugano, on s'approche de la montagne, au milieu d'une contrée riante, ombragée de treilles et de vergers. Le panorama qu'on découvre du sommet est magnifique. On voit s'étendre, au sud, les plaines immenses de la Lombardie, dans lesquelles on peut, par un temps très serein, distinguer, entre les monts Generoso et Riva, la cathédrale de Milan. On embrasse l'ensemble du lac de Lugano avec toutes ses baies, et les vallées voisines, ainsi qu'une petite échappée sur le lac Majeur.

Val Agno, Val Capriasca, Camoghé. — Les vals Agno et Capriasca débouchent l'un à l'ouest, l'autre à l'est de Lugano ; *Pregazzone*, à l'entrée du val Capriasca, occupe un site pittoresque ; *Canobbio* et *Sonvico* jouissent de belles vues, ainsi que le couvent des capucins de *Bigorio*, placé à une grande hauteur. Les *Taverne inferiori*, dans le val Agno, sont situées dans une belle contrée qui abonde en forêts et en arbres fruitiers ; plus haut, la vallée prend le nom de val Isone. Quoique au sud du Monte-Cenere, le val Isone faisait partie du bailliage de Bellinzone. Les vals Colla et Isone aboutissent tous deux aux belles sommités du Camoghé et du Pizzo Vachera.

MENDRISIO, MONTE-GENEROSO. — Mendrisio, chef-lieu du district le plus méridional du canton, est un bourg de 2,000 habitants. On y trouve quelques filatures de soie ; l'église des Servites est un bel édifice. Ses environs sont très populeux et très fertiles, et abondent en sites délicieux ; il y croît beaucoup d'oliviers. C'est ordinairement de Mendrisio qu'on entreprend l'ascension du Monte-Generoso, élevé de 5,200 pieds. Cette montagne est riche en plantes rares ; aussi, les botanistes ont-ils donné le nom de *Jardin* à une partie de ses pentes. Elle présente plusieurs sommets de diverses hauteurs, d'où l'on découvre une vue magnifique sur les lacs de Lugano, de Côme et de Varèse, sur une partie du lac Majeur, sur les plaines de la Lombardie et la chaîne des Alpes. On l'a surnommée le Righi de la Suisse italienne. On peut redescendre du côté du sud, par le val Muggio, belle vallée qui débouche près de Balerna par un étroit défilé. Entre Mendrisio et Côme se trouve le beau village de *Balerna*, qui possède un palais épiscopal, une église remarquable, et plusieurs maisons de bonne apparence.

XIII

Il nous reste maintenant, à parcourir les trois cantons d'Unterwald, de Berne et du Valais pour achever de connaître la Suisse alpestre et, plus particulièrement, ce que l'on nomme l'Oberland-Bernois et la vallée du Rhône.

Reprenons la route d'Airolo et du Saint-Gothard; puis, de Gœschenen, gagnons le lac des Quatre-Cantons par Altdorf et Fluelen. On s'embarque dans cette dernière petite ville, et l'on arrive, après deux heures de navigation, sur la partie sud-orientale du lac, au port de Buochs, qui appartient à l'Unterwald, et qui n'est pas éloigné de Stanz, une des capitales du Canton.

CANTON D'UNTERWALD

Situation, Etendue, Climat. — Le canton d'Un-terwald est placé entre le lac des Quatre-Cantons, au nord; le canton d'Uri, à l'est; celui de Berne, au sud, et celui de Lucerne, à l'ouest et au nord-ouest. Sa superficie est de 32 lieues carrées, et sa population de 27,000 habitants. Il se divise en deux petits Etats, qui se gouvernent séparément et d'après leurs lois particulières, et qui sont séparés par la forêt de Kernwald, située entre les deux chefs-lieux : le demi-canton de *Nidwald* (soit *Nid dem Wald*, Sous la Forêt), qui comprend la partie voisine du lac des Quatre-Cantons, et qui a pour chef-lieu Stanz; sa population est de 15,000 habitants; et le demi-canton d'*Obwald* (soit *Ob dem Wald*, Sur la Forêt), qui a pour chef-lieu Sarnen ; sa population est de 12,000 habitants. Mais ce n'est point là une divison naturelle ou géographique, car Obwald possède aussi l'extrémité du golfe d'Alpnach, et la vallée d'Engelberg. Le Bas-Unterwald, et surtout la vallée de Stanz, qui se trouve abritée par le Bürgenstock contre les vents du nord, a un climat assez tempéré, où prospère la culture des arbres fruitiers. Le Haut-Unterwald est un pays essentiellement alpin, où l'on ne trouve guère que des pâturages et des forêts.

MONTAGNES, VALLÉES, RIVIÈRES. — Les plus hautes montagnes du canton sont situées sur les frontières d'Uri et de Berne. Du côté d'Uri l'on trouve, du nord au sud, l'*Oberbauen*, 6,660; le *Brisen* 7,700; le *Sattelistock*, 8,661, et le *Titlis*, 10,710. A l'ouest du Titlis et sur la frontière bernoise, le col du *Joch*, 6,890; le *Geissberg*, 7,990; le *Hochstollen*, 7,900; le *Rothhorn*, 7,260. Du Rathhorn part la chaîne qui se termine au mont Pilate et qui sépare Unterwald de Lucerne. Du Geissberg, part une autre chaîne qui se dirige vers le nord et se termine par le Stanzerhorn ou *Blum-Alp*, qui domine Stanz. Les principales vallées du canton sont celles de Sarnen et de Lungern, qu'arrose l'*Aa*, qui sort du lac de Lungern; les vallons latéraux, arrosés par les deux *Melch-Aa*, et du Schlierenthal, arrosé par la *Schlieren*; enfin la vallée d'Engelberg, arrosée par une autre *Aa*, qui est alimentée par les glaciers.

LACS ET CASCADES. — Le canton possède une grande partie des rives méridionales du lac des Quatre-Cantons, et en particulier les golfes pittoresques d'Alpnach et de Buochs. Dans le golfe d'Alpnach, les rives sont escarpées; de Buochs jusqu'au promontoire de Treib, voisin de la frontière d'Uri, les pentes verdoyantes descendent jusqu'au lac. Dans l'intérieur du canton l'on trouve le lac de *Sarnen*, long d'une lieue et demie et large

4.

d'une demi-lieue. Celui de *Lungern* avait une longueur d'une lieue, sur une largeur d'un quart de lieue. Entre ces deux lacs il y en avait autrefois un troisième, près du village de Giswyl ; mais, en 1760, la commune le fit saigner et dessécher, et il est maintenant converti en terrain de bon rapport. — Les cascades les plus remarquables du canton sont celles du *Rotzloch*, entre Alpnach et Stanzstad ; celles du *Tatschbach* et du *Stierenbach*, dans la vallée d'Engelberg ; celle d'*Ematten*, sur les bords du lac des Waldstætten.

Sources minérales. — On trouve une source sulfureuse au bord du lac de Lungern, et plusieurs autres dans la même vallée, entre le Brünig et Alpnach. Les bains froids de Schwændi, au-dessus de Sarnen, sont visités de temps en temps par les gens du pays. L'eau contient du fer, du soufre et de l'alun. On exploitait autrefois avec succès, à Humlingen, une source salée ; mais elle a disparu à la suite d'un tremblement de terre qui renversa le village de Humlingen.

Histoire naturelle. — Il y a peu de chose à dire sur le règne animal. On ne trouve dans le canton que très peu d'animaux sauvages. Les vaches y sont, en général, d'une petite espèce. — La flore ressemble à celle des cantons d'Uri et de Schwytz ; c'est près du Titlis qu'elle est la plus riche. Le canton abonde en forêts, et le Bas-Unterwald en arbres fruitiers. — Les montagnes sont composées de calcaire mêlé de quartz et d'argile, ou de calcaire noir ; on y trouve des ardoises et des schistes argileux, noirs, verdâtres ou rougeâtres. Le Melchthal fournit plusieurs espèces de marbres, parmi lesquels le noir, mêlé de veines blanches, est le plus estimé.

ANTIQUITÉS. — On n'a découvert dans le pays aucune trace de domination romaine. Près de l'entrée de la vallée du Melchthal, du côté du nord, s'élève une vieille tour, qui a appartenu à un temple païen. Près de la tour est une vieille chapelle, nommée Saint-Nicolas, qui passe pour la plus ancienne église du pays. Celle de Saint-Jacques, entre Sarnen et Stanz, a la même réputation. Il y avait dans l'Unterwald, durant le moyen-âge, un certain nombre de châteaux seigneuriaux.

HISTOIRE. — Les habitants d'Unterwald se liguèrent avec ceux d'Uri et Schwytz, à l'occasion du différend qui était survenu, en 1115, entre ce dernier canton et l'abbé d'Einsiedlen. Dès l'an 1150, le canton fut divisé en deux Etats, ayant leur administration et leurs lois distinctes, et portant les noms d'Obwald et de Nidwald. Au commencement du 14e siècle, il fut, comme les autres Waldstætten, opprimé par des baillis autrichiens, et il contribua énergiquement à l'affranchissement du pays. Un jeune homme du Melchthal, Arnold an der Halden, fut un des trois conjurés du Grütli. Le bailli Landenberg lui ayant fait enlever une paire de bœufs, Arnold avait frappé un valet de ce dernier. Landenberg s'était vengé en faisant arracher les yeux au père d'Arnold, pendant que le fils avait dû chercher un refuge dans le canton d'Uri. Le jour de la bataille de Morgarten, le comte de Strassberg envahit Unterwald par le mont Brünig, à la tête de 4,000 hommes, et s'avança jusqu'à Alpnach, tandis que les Lucernois faisaient une attaque sur un autre point. Les Unterwaldois, vainqueurs à Morgarten, accoururent en toute hâte, et, réunis avec les citoyens restés dans le pays, ils repoussèrent partout l'ennemi. A la bataille de Sempach, le principal honneur du succès appartint à Arnold de Winkelried, qui se dévoua héroïquement pour le salut de sa patrie. En 1481, la Diète s'était assemblée à Stanz pour délibérer sur le partage du butin de Morat ; mais la discorde n'avait fait que s'accroître, et les députés allaient se séparer, lorsqu'un vénérable ermite du Melchthal, Nicolas de Flüe (*Niklaus Vonflüe* ou *Von der Flüh*), se présenta dans l'assemblée. Il exhorta, au nom du Ciel, les députés à oublier leurs ressentiments et à recevoir Fribourg et Soleure dans le Corps helvétique pour les services qu'ils avaient rendus à la patrie. La beauté de sa figure et la majesté de sa taille ajoutèrent du poids à ses paroles, et, peu de jours après, l'alliance des dix cantons fut signée par les députés. Ce fut ce qu'on appela le *Convenant de Stanz*.

En 1798, le canton d'Unterwald, et surtout Nidwald, se distingua par l'énergie avec laquelle il résista à l'occupation française. Tous les passages furent défendus pied à pied. Après une lutte acharnée, les succès étaient balancés, lorsque survinrent de nouvelles colonnes de Français; hommes, femmes, enfants, jeunes filles, vieillards, tous continuèrent à combattre en désespérés, et moururent plutôt que de se rendre. Le Haut-Unterwald, qui s'était conduit avec plus de prudence, souffrit beaucoup moins des suites de la guerre, et chercha, dans la mesure de ses moyens, à alléger les maux de ses frères plus infortunés que lui. C'est alors que Pestalozzi fonda, à Stanz, une maison d'éducation, où il recueillit plus de 80 enfants pauvres ou orphelins des deux sexes; il y fit l'essai de sa nouvelle méthode, qui bientôt se répandit en Europe.

L'acte de médiation rendit à Unterwald son ancienne Constitution. Obwald s'était fait représenter à la *Consulte* qui précéda cet Acte, par un député qui se nommait Ignace *de Flüe*.

Plus tard, Unterwald fit partie de la ligue du Sonderbund; mais, après l'occupation de Lucerne, il capitula, et fut occupé sans résistance par les troupes fédérales, à la fin de novembre 1847. Dèslors, le canton s'est soumis sans opposition à la nouvelle Constitution fédérale de 1848.

CONSTITUTION. — *Obwald*. La souveraineté, suivant l'ancienne Constitution, réside dans l'assemblée générale des citoyens âgés au moins de 20 ans; cette assemblée se réunit chaque année, le dernier dimanche d'avril; elle élit, à main levée, les quatre landammanns, le statthalter, le trésorier, l'inspecteur des bâtiments, le banneret, les deux capitaines, les deux enseignes et les deux inspecteurs de l'arsenal.

D'après la Constitution adoptée en 1850, les autorités cantonales sont : la *Landsgemeinde*, qui vote la Constitution et les lois, élit un Conseil d'Etat et les députés à l'Assemblée fédérale ; — le *triple Conseil*, composé des membres du Conseil d'Etat et du Landrath et des députés ; — le *Landrath*, composé de 12 membres du Conseil d'Etat et de députés nommés par les communes : il est autorité *exécutive et administrative*, de même que le *Conseil d'Etat*, qui lui est subordonné ; — enfin le *Tribunal cantonal ou d'Appel*, composé des membres nommés par le triple Conseil.

Nidwald. La Landsgemeinde, d'après l'ancienne Constitution, se compose, pour les élections, de tous les citoyens âgés de 14 ans, et pour le vote des lois, de tous les citoyens âgés de 16 ans. Elle s'assemble le dernier dimanche d'avril, et nomme les quatre landammanns et les principaux magistrats.

Le Nidwald n'a pas innové en 1850, autant que l'Obwald. La *Landsgemeinde* nomme les premiers magistrats, et, en outre, le *Landrath* et les députés à l'Assemblée fédérale. Le *Landrath*, autorité exécutive et administrative, se compose des premiers magistrats et de membres nommés pour six ans. Il nomme les divers tribunaux.

CULTE. — Le canton d'Unterwald professe exclusivement la religion catholique, et dépend de l'évêché de Coire. On y compte 15 églises paroissiales et un certain nombre de chapelles. Plusieurs sont placées sur les pâturages d'été, près des villages de châlets. Les plus anciennes paroisses sont celle de Sarnen, qui date de l'an 848, celles de Kerns et de Sachseln, qui sont de 1036.

INSTRUCTION PUBLIQUE. — Les écoles sont bien meilleures qu'elles ne l'étaient jadis. La plupart des enfants les fréquentent, et ceux qui n'y vont pas, reçoivent une instruction chez eux, ou dans des établissements particuliers. Les curés n'admettent guère à la communion des enfants qui ne sachent pas lire et étudier par eux-mêmes leur catéchisme. D'après une loi du Nidwald, tous les enfants, riches et pauvres, doivent suivre l'école de 6 à 12 ans; l'instruction est gratuite pour les pauvres. Il existe, en outre, à Stanz et à Sarnen, des colléges, et au couvent d'Engelberg un gymnase, dans lesquels on enseigne le latin, la rhétorique, la géographie, l'histoire, etc. Les enfants d'Unterwald montrent, en général, une grande intelligence.

INDUSTRIE, COMMERCE. — De même que les habitants d'Uri et de Schwytz, ceux d'Unterwald ont peu de goût pour l'industrie et pour l'agriculture; ils se vouent, de préférence, à la vie pastorale. Leur principale branche de commerce est la vente des bestiaux, ainsi que celle des fromages. Ceux-ci deviennent excellents et se durcissent considérablement avec le temps, ce qui fait qu'ils peuvent se conserver, et qu'ils sont recherchés pour les voyages de long cours. Les arbres fruitiers du Bas-Unterwald et de la vallée d'Alpnach et de Sarnen produisent un bon revenu. Les communes riveraines du lac vivent en partie du produit de la pêche et de la navigation. La vallée d'Engelberg est la contrée où il règne le plus d'industrie et le plus d'aisance.

HOMMES DISTINGUÉS. — Un grand nombre de citoyens se sont illustrés par les services qu'ils ont rendus à leur pays.

Obwald. — *Arnold an der Halden*, du Melchthal, fut un des trois fondateurs de la liberté helvétique. Le landammann *Tiesselbach*, d'Obwald, mourut à Sempach. *Nicolas de Flüe*, que ses compatriotes vénèrent comme un saint, naquit près de Sachseln, le 21 mars 1417. Il appartenait à une des premières familles du pays. A 47 ans, il quitta sa femme et ses dix enfants, qu'il avait soigneusement élevés, et se retira dans la gorge du Melchthal, pour y prier et jeûner dans la solitude. Durant les vingt-trois ans qu'il passa dans son ermitage, il ne le quitta qu'une seule fois : ce fut pour sauver sa patrie de la guerre civile. Plus tard, il fut béatifié. Sa famille subsiste encore dans l'Obwald. L'ermitage continue à être visité par de nombreux pèlerins. L'abbé Léodegar *Salzmann* est regardé à juste titre comme un des bienfaiteurs de l'Unterwald. On connaît ses efforts pour favoriser l'industrie dans sa vallée, et la fondation d'un collége dans son couvent.

Nidwald peut nommer avec orgueil *Arnold de Winkelried*, qui, par son dévouement héroïque, assura la victoire aux Confédérés sur les champs de Sempach ; un autre Winkelried, nommé *Struth*, avait, d'après les chroniques, délivré le pays d'un animal monstrueux, qui avait son repaire sur le mont Rotzberg. Melchior Lussi, homme d'Etat distingué : *Abart*, originaire du Tyrol, et *Durrer* de Kerns, qui furent des sculpteurs distingués ; *Bucher* de Kerns, *Heimann* de Sarnen, qui se sont fait connaître comme peintres.

Nidwald n'a point de noms à citer. *Zelger*, landammann, et *Businger*, curé, tous deux de Stanz, ont écrit ensemble une histoire du peuple d'Unterwald. *Würsch* ou *Wyrsch*, de Buochs, fut un célèbre peintre ; il était aveugle quand il périt dans les flammes, lors de la prise de Stanz par les Français. *Deschwanden* cultive encore le même art. Enfin, parmi les noms de plusieurs sculpteurs, celui de *Christen* de Wolfenschiessen est le plus saillant.

Mœurs, Coutumes, Caractère. — Le peuple d'Unterwald est bon et affable, quoique un peu défiant vis-à-vis des étrangers ; il est courageux et intrépide au milieu du péril. Ce petit peuple dédaigne la politique, mais aime à jouir paisiblement de sa vie pastorale. Il est ferme et fidèle dans la foi de ses pères ; il pousse même ce sentiment jusqu'à l'enthousiasme, si l'on attaque sa foi et sa liberté, et il est prêt à sacrifier sa vie pour les défendre. Il n'y a pas de pays ou le peuple ait une plus grande vénération pour les images. C'est surtout l'image de saint Nicolas de Flüe que l'on retrouve au coin des routes et des jardins et dans l'intérieur des chaumières.

Les habitants d'Unterwald ont coutume de mêler la religion dans tous les actes de leur vie et jusque dans leurs fêtes. Ainsi, les corporations ou confréries d'ouvriers sont toutes sous la protection d'un saint, et leur fête a un caractère religieux.

Les exercices gymnastiques, et particulièrement la lutte, sont aussi au nombre des divertissements nationaux. Les fêtes des lutteurs ont lieu à des jours fixés et sur diverses montagnes, où se réunissent tous les pâtres des environs et même ceux des cantons voisins. — Le peuple d'Unterwald prend beaucoup de plaisir aux représentations théâtrales, et l'on a quelquefois joué des pièces sur de petits théâtres établis momentanément à Stanz, à Sarnen, à Engelberg et ailleurs. — Enfin les Landsgemeindes sont de véritables solennités nationales, qui attirent une nombreuse affluence d'assistants.

STANZ, STANZSTAD, BUOCHS. — La vallée où est situé le bourg de Stanz, chef-lieu du Bas-Unterwald, est l'une des contrées les plus belles et les plus riantes de la Suisse. Les magnifiques vergers qui entourent ce bourg, ressemblent à une véritable forêt, où de jolis sentiers forment les promenades les plus champêtres. La vallée est dominée, au sud, par le Stanzerhorn ou la Blum-Alp ; et, au nord, par le Bürgenstock, qui la préserve des vents froids et lui assure un climat plus tempéré que celui des autres vallées du pays. L'Hôtel-de-Ville est orné d'un grand nombre de portraits représentant d'anciens magistrats dans le costume du temps. On montre, dans l'arsenal, la cotte de mailles que portait Winkelried à la bataille de Sempach. La statue du héros est placée sur une colonne à côté de l'église. Sa maison, située tout près du bourg, existe encore. L'église est un édifice remarquable, orné de belles colonnes en marbre noir. Le sommet de Bürgenstock offre, de divers côtés, des coups-d'œil admirables.

La vallée de Stanz aboutit aux deux golfes d'Alpnach et de Buochs; au bord de celui d'Alpnach est le village de Stanzstad (*Rivage* ou *Port de Stanz*), dont la vieille tour blanche, qui date de 1300, se reconnaît de très-loin de divers côtés. Au sud de Stanzstad et le long du golfe d'Alpnach s'élève le mont Rotzberg, où se trouvent les ruines du château de ce nom. Entre le Rotzberg et le Plattiberg est située la gorge sauvage du Rotzloch, où l'on voit des cascades et un moulin à papier. Un chemin, partant de Stanzstad y passe pour aller rejoindre la route de Sarnen. — A demi-lieue de Stanz, sur le chemin de Buochs, est une place ornée de tilleuls et garnie de bancs, où s'assemble la Landsgemeinde. Buochs est un beau village, qui donne son nom à un large golfe du lac de Lucerne. On y jouit d'une belle vue sur le bassin que forme le lac jusqu'à Brunnen, sur les rives délicieuses de

Gersau et sur les pics du Mythen. De Buochs, un bon sentier suit les bords du lac jusqu'à Beckenried, et s'élève ensuite le long des pentes verdoyantes et pittoresques d'Ematten jusqu'au village de Seelisberg, qui domine les deux bassins du lac, et d'où l'on peut aller visiter le Grütli.

Bourg et Lac de Sarnen. — Le chef-lieu d'Obwald est un bourg de 4,000 âmes, bien bâti, et situé dans une vallée romantique, au bord du lac du même nom. L'Hôtel-de-Ville est orné des portraits de tous les chefs de la république depuis 1381, et de deux tableaux du peintre Würsch, dont l'un représente saint Nicolas de Flüe, et l'autre, les atroces traitements que subit le père d'Arnold du Melchthal. Au-dessus de Sarnen s'élève une colline où était jadis le château du bailli Landenberg, qui fut pris le 1ᵉʳ janvier 1308. C'est sur le lieu même qu'il occupait que s'assemble maintenant le peuple souverain d'Obwald. Près de là est l'arsenal, la place du tir, et une église de belle architecture. La colline, qui a conservé le nom de Landenberg, offre un point de vue admirable. Le lac de Sarnen se dessine au milieu de rives pittoresques. Ses formes onduleuses, les habitations éparses, les fraîches prairies et les groupes d'arbres dont il est entouré, en font un charmant tableau pastoral. Un diorama, qui représentait cette gracieuse contrée, a obtenu, à Paris et à Londres, un véritable succès. Vers l'extrémité du lac, on aperçoit de sombres forêts et quelques sommités neigeuses du canton de Berne.

Du côté du nord, la vue s'étend jusqu'au golfe d'Alpnach, où l'Aa va verser le tribut de ses eaux; on voit le village d'Alpnach, situé au pied du Pilate.

KERNS, SACHSELN, MELCHTHAL. — Le joli village de *Kerns* est au milieu d'une riante contrée couverte d'arbres fruitiers. Son église est neuve et d'une architecture remarquable. *Sachseln* est un beau village sur le lac de Sarnen, à demi-lieue du bourg. On y voit une belle église, ornée d'un grand nombre de colonnes de marbre, dont huit sont d'une seule pièce. On conserve, dans cette église, les ossements de Nicolas de Flüe. Ces reliques attirent de nombreuses troupes de pèlerins. De jolis sentiers conduisent sur la colline où est situé le hameau de *Flühli* (Petit Rocher), dont Nicolas a tiré son nom de famille. De là, un sentier descend dans la gorge du Melchthal, au lieu nommé *Ranft*, où l'on trouve deux chapelles et la cellule du frère Klaus (pour *Niklaus*), dans laquelle on voit encore la pierre qui, dit-on, lui tenait lieu d'oreiller. En remontant la paisible et romantique vallée du Melchthal, couverte d'une multitude de cabanes, on arrive au village du même nom, et plus haut au lac de Melch, à la belle alpe du même nom, et à celle de Tann, qui confine avec Berne. Un sentier y passe et conduit dans le Hasli.

LAC DE LUNGERN, BRÜNIG. — Entre le lac de Sarnen et celui de Lungern, on monte quelques centaines de pieds. L'Aa, qui sort du second de ces lacs, fait deux chutes pittoresques. Le vallon de Lungern est aussi une délicieuse et pastorale contrée ; son joli lac est encadré de prairies et de sombres massifs d'arbres, au milieu desquels contraste la blancheur éblouissante d'une cascade. Par-dessus les forêts, on aperçoit quelques cimes neigeuses du canton de Berne. Il reste 1,300 pieds à gravir pour atteindre le col du Brünig, d'où l'on découvre toute la vallée du Bas-Hasli avec les montagnes qui le séparent du Grindelwald. Ce col, qui est très-bas (3,580), est une voie très-fréquentée pour se rendre de Lucerne dans l'Oberland.

Couvent et Vallée d'Engelberg. — L'abbaye d'Engelberg est située dans une vallée verdoyante, qu'entourent de grandioses montagnes couvertes de glaces et de neiges éternelles. Elle fut fondée par Conrad de Seldenbüren en 1,083. On y conserve encore la crosse d'Adhelm, le premier abbé ; elle est en bois d'érable et surmontée d'une corne de chamois. Nous avons parlé de l'abbé Léodegar Salzmann, qui fut le bienfaiteur de la contrée, en y favorisant l'industrie et instituant un collége. L'église est à 1,860 pieds au-dessus du lac de Lucerne, et à 3,180 au-dessus de la mer. Non loin du couvent, vingt sources abondantes se réunissent pour former le ruisseau d'Erlenbach. L'Aa, qui vient des neiges des Alpes Surènes, sort de la vallée par une gorge étroite, pour se diriger vers la spacieuse vallée de Stanz. Dans le vallon d'Horbis, qui s'ouvre au nord de l'abbaye, et qu'on appelle le *Bout du monde*, une source périodique ne coule que depuis le moi de mai à celui d'octobre. Une grande partie de la vallée d'Engelberg est très-exposée aux avalanches et aux inondations. Le Titlis, la plus haute des sommités voisines, a éte escaladé bien des fois depuis le milieu du siècle dernier; sa cime est couverte d'une couche de glace d'une épaisseur qu'on évalue à 175 pieds. Le vaste panorama qu'on y embrasse s'étend de la Savoie au Tyrol.

Divers chemins partent d'Engelberg. L'un conduit, par le col des Alpes Surènes, à Altdorf. En remontant l'Aa, on voit les belles cascades du **Tætschbach** et du **Stierenbach** ; puis on arrive à la Black-Alp, d'où le Titlis, les Spanœrter, le Schlossberg et leurs glaciers offrent le point de vue le plus admirable. A mesure qu'on s'est élevé, le Titlis a pris des proportions plus colossales. Au-dessus de cette alpe, il faut monter plus d'une heure pour atteindre le sommet du passage (7,220 pieds). C'est une étroite échancrure, large de cinq pieds, entre deux rocs (la *Surenen-Eck*). A gauche, s'élèvent le Blackenstock et l'Uri-Rothstock; à droite, le Schlossberg, qui fait partie de la chaîne du Titlis. Le sommet du col ne se dépouille jamais de neige. De l'autre côté, la vue plonge sur le Schœchenthal et sur une partie des Alpes d'Uri et de Glaris. — Un autre sentier, rapide en quelques endroits, mais point difficile, conduit par le *Joch* (6,890) à l'Engstlen-Alp et à Meyringen. Il passe près du Trübsee. Du sommet l'on peut contempler d'assez près les glaces du Titlis. Enfin, on se rend d'Engelberg dans le Melchthal par deux sentiers : celui de la Storegg (6,280) est le plus facile; celui du Jochli (6,690) a des pentes beaucoup plus raides.

XIV

Nous avons nommé Sarnen et le village de Lunzern. La grande route pour l'Oberland bernois et la vallée du Hasli passe dans ces deux localités. Soit à pied, soit en voiture, pourvu que la saison soit clémente, le chemin vaut la peine d'être fait lentement.

L'on arrive, ainsi, dans le Haslithal, sur les bords du lac de Brienz qu'on peut longer sur la rive droite, ou par le bateau jusqu'à Interlaken. Nous longerons de la même manière le lac de Thoune et la ville du même nom. Deux heures suffisent pour gagner Berne, canton principal et *Vorort*, ou capitale de la Confédération.

Nous reviendrons sur la vallée du Hasli et sur

l'Oberland bernois. Occupons-nous, en attendant, d'étudier ce magnifique canton, d'après la méthode usitée envers les précédents, mais notons que le Jura et le Seeland bernois demeurent réservés pour la seconde partie de ce travail que nous avons intitulé : la *Suisse du Jura*.

CANTON DE BERNE

SITUATION, ÉTENDUE, CLIMAT, etc. — Le canton de Berne est borné, au nord, par l'Alsace et les cantons de Soleure, Argovie, Lucerne, Unterwald et Uri ; au sud, par le Valais ; à l'ouest, par les cantons de Vaud, Fribourg et Neuchâtel, et par le département du Doubs.

La plus grande longueur du canton est de 35 lieues du nord au sud, et sa plus grande largeur est de 20 lieues de l'est à l'ouest.

Il ne le cède en grandeur qu'au seul canton des Grisons. Sous le rapport de la population, le canton de Berne est le premier ; d'après le recensement de 1880, il comptait 530,000 habitants. Depuis son entrée dans la Confédération, Berne a occupé le second rang ; il cédait la prééminence à Zurich seul. Maintenant que Berne est devenu le chef-lieu permanent de la Confédération et le siège de toutes les autorités fédérales, il n'en continue pas moins de n'être nommé qu'en second lieu dans tous les actes officiels.

Le canton étant occupé presque en entier par des montagnes ou par des collines élevées, son climat est plutôt rigoureux que doux ; cependant, on comprend que les diversités d'exposition et de hauteur occasionnent une grande variété dans la température. Ainsi, plusieurs villages des grandes Alpes sont privés de soleil durant quelques semaines: tel est celui de Gsteig ; les environs d'Interlacken, au contraire, jouissent d'un climat assez doux, grâce à la direction de la vallée, qui, courant de l'est à l'ouest, est par là préservée de l'atteinte des vents froids. C'est par cette raison que la vigne croît sur les rives septentrionales du lac de Thoune et de Brienz, et sur les rives de ce dernier. Mais le froid se fait assez vivement sentir en hiver à Berne, ainsi qu'aux environs, vu leur situation sur un plateau élevé. Les vallées du Jura sont froides, vu leur direction générale du sud-ouest au nord-est.

MONTAGNES ET GLACIERS. — Nous avons parlé, dans l'introduction, de la haute chaîne alpine, qui, partant de la Furka, forme la limite des cantons de Berne et du Valais, et à laquelle appartiennent plusieurs des sommités les plus colossales de la Suisse, telles que le Finsteraarhorn, la Jungfrau, etc. Des ramifications qui partent de cette grande chaîne et qui enferment les diverses vallées de l'Oberland, s'élancent aussi plusieurs pics couverts de neiges éternelles. Nous avons indiqué la plupart de ces cimes, avec leur élévation, dans l'énumération des principales sommités de la Suisse.

Les hautes Alpes bernoises, comme nous l'avons dit aussi, présentent sur leurs flancs un très-grand nombre de glaciers. Les plus remarquables sont ceux de l'Aar, celui de Rosenlaui, ceux de Grindelwald et de Lauterbrunen, etc.

Dans le voisinage immédiat des lacs de Thoune et de Brienz, les montagnes n'atteignent plus qu'une hauteur de 6 à 8,000 pieds. Plus au nord, elles s'abaissent encore. Aux environs de Berne et jusqu'au lac de Bienne et aux frontières de Soleure et d'Argovie, on ne voit plus que de hautes collines. Mais la partie occidentale du canton est sillonnée par les chaînes du Jura, qu'on appelle, en allemand, *Leberberg*.

RIVIÈRES. — Le canton abonde en rivières et en torrents, la plupart alimentés par les glaciers et les neiges éternelles dont les montagnes sont couvertes. Le principal cours d'eau du canton est l'*Aar*.

L'Aar a sa source dans les vastes glaciers qui descendent du Finsteraarhorn. Il arrose le Hasli; traverse les lacs de Brienz et de Thoune, passe à Berne, à Aarberg, à Soleure, et quitte le canton près de Morgenthal. Il est navigable depuis sa sortie du lac de Brienz, mais c'est surtout depuis

Thoune qu'il sert comme voie de transport; toutefois, plus bas que Berne, quelques petites chutes empêchent le passage des bateaux chargés de marchandises.

Les principaux affluents sur la rive gauche sont: La *Lutschine*, qui se jette dans le lac de Brienz; la *Kander*, qui sort du glacier de Tschingel, et arrose la vallée de Gastern et celle de Frutigen. Près du bourg de ce nom, elle reçoit l'*Engstligen*, qui vient de la vallée d'Adelboden; puis, réunie à la *Simme*, elle se jette dans le lac de Thoune par un large canal. Quant à la *Simme*, elle arrose la grande vallée du Simmenthal, et a ses sept sources (*Siebenbrunnen*) au-dessous du glacier de Rætzli. — La *Sarine* sort du Haut-Gessenay, et, après avoir arrosé le district vaudois de Château-d'OEx et le canton de Fribourg, elle rentre sur le canton de Berne, et se jette dans l'Aar au dessus d'Aarberg. — La *Thièle*, continuation de la rivière vaudoise l'Orbe, sort du lac de Neuchâtel, traverse celui de Bienne, et verse ses eaux dans l'Aar, à une lieue et demie de Nidau. Cette rivière amène ainsi, en même temps, les eaux de la *Suze* qui descend de la vallée de Saint-Imier. Sur la rive droite, l'Aar reçoit la *grande Emme*, dont les sources sont situées au nord du lac de Brienz.

Nommons encore la *Birse*, qui a sa source au fond de la belle vallée de Moutiers, dans le Jura; elle forme deux jolies cascades près de Laufen et de Dornach. Enfin le *Doubs*, qui forme la limite du territoire bernois, sur une étendue de cinq à six lieues, et qui fait un cours de pareille longueur dans l'intérieur du canton, près de Sainte-Ursanne.

LACS ET CASCADES. — Le canton de Berne possède trois lacs principaux : ceux de Thoune, de Brienz, et de Bienne. Nous en parlerons plus en détail dans la description des diverses vallées du canton, lequel confine aussi à l'extrémité nord du lac de Neuchâtel. On rencontre sur les hautes montagnes un certain nombre de petits lacs, ordinairement d'un aspect très-sauvage. Tels sont le *Bachsee*, sur le Faulhorn, le *Daubensee*, sur la Gemmi (6,790), entouré de rocs nus, de même que le *Todiensee* (lac des morts), sur le passage du Grimsel; le lac *de l'Hospice*, au-dessous du précédent; le *Trübsee*, au pied du Siedelhorn, et non loin du Grimsel. Quant aux cascades, le canton de Berne en possède un grand nombre, dont plusieurs sont comptées parmi les plus remarquables de la Suisse; telles sont celle de l'Aar, à la *Handeck*, celles du *Staubbach* et du *Schmadribach*, dans la vallée de Lauterbrunnen; celles du *Reichenbach*, près Meyringen; celles du *Giessbach*, au-dessus du lac de Brienz; celles de la *Simme*, près des sources de cette rivière. Leur description trouvera sa place plus loin.

BAINS ET EAUX MINÉRALES. — On compte, dans le canton de Berne, plus de soixante sources minérales. Plusieurs jouissent d'une réputation méritée, qui, autant que leurs sites pittoresques, attire dans la belle saison un grand concours d'étrangers. Les principaux établissements de bains sont ceux de *Blumenstein*, situés près du village de ce nom, au pied du Stockhorn, à cinq lieues de Berne; les bains soufrés du *Gournigel*, situés à six lieues de Berne, sur la pente de la montagne du même nom, qui s'appuie contre la chaîne du Stockhorn. Le bâtiment des bains est commode; des appartements et surtout de la terrasse, on jouit d'une vue très-étendue sur toute la partie du canton comprise entre le Jura et les montagnes de l'Emmenthal. En une heure de marche, on peut se rendre au sommet de la montagne, d'où l'on découvre une partie des cimes neigeuses de l'Oberland. Les bains de *Weissembourg* sont situés au fond d'une gorge romantique à demi-lieue du village du même nom, à cinq lieues de Thoune, dans le Bas-Simmenthal. La source est à un quart de lieue de l'établissement, et sort d'une horrible fente de rocher, dont le ruisseau de Buntschi occupe toute la largeur. On peut citer encore les bains de *Thalgut*, aux bords de l'Aar, à deux lieues de Thoune; ceux d'*Engistein*, près Worb; ceux du *Glütschbad*, à une lieue au sud de Thoune, lesquels ont eu une assez grande vogue pendant quelques années; le *Schnittweyer* et le *Rimpachbad*, près Thoune; etc. Aux portes de Berne on trouve les bains de *Gutenburg*, qui sont très-recommandables par leur bonne organisation, et ceux de *Marzihli*, aux abords de l'Aar, tout près de la ville.

HISTOIRE NATURELLE. — La race bovine, qui compte

près de 250,000 têtes, est, dans plusieurs vallées, remarquable par sa force et sa belle taille. Le Gessenay, le Simmenthal et l'Emmenthal possèdent les troupeaux les plus renommés du canton. La race chevaline, au nombre de 40,000 têtes, est aussi d'une assez belle espèce. Les animaux sauvages qu'on trouve encore dans le canton, sont: l'ours brun, qui se réfugie dans les hautes forêts, surtout celles du Jura ; le loup, qui est rare dans les Alpes, mais assez commun dans les bois du Jura ; le lynx ou loup-cervier, grand ennemi des troupeaux et des chamois, et qui vient du Valais. La race du chamois, celle du bouquetin, sont très réduites. La marmotte et la souris blanche ne sont pas rares dans les montagnes de l'Oberland, ainsi que le lièvre, qui blanchit en hiver. On trouve aussi, dans le canton, tous les oiseaux des hautes Alpes: le grand aigle, remarquable par sa grosseur et sa force prodigieuse ; le vautour barbu ou *Lœmmergeier* (vautour des agneaux); le choucas des Alpes, le coq de bruyères, la gélinotte, etc.

Les lacs et les rivières sont très-poissonneux. La truite saumonée, le brochet et la perche se trouvent dans les trois lacs de Thoune, Brienz et Bienne, et dans les rivières. La lotte et la truite du Rhin se trouvent dans l'Aar et les lacs. Le lac de Bienne contient des truites de vingt-cinq livres.

Vu la variété de son sol et de ses productions, le canton de Berne offre à l'entomologiste une grande quantité d'insectes de toutes espèces ; il visitera avec un égal intérêt les Alpes, le Jura, les bords des lacs et les environs de Berne.

La flore bernoise n'offre pas moins de richesse. L'Oberland, ainsi que les environs de Berne, présentent un certain nombre d'espèces rares. Le canton renferme, dans son étendue, tous les genres de végétation. On trouve d'abord sur la limite méridionale la région des neiges, où croissent des lichens, des mousses, et quelques graminées, puis les hauts et les bas alpages, riches en herbes de toutes espèces; ensuite vient une région occupée par des forêts et par des pâturages; enfin, la région des collines et des plaines, où l'on cultive les céréales, les arbres fruitiers et même la vigne. Au-delà des plaines s'élève le Jura, où l'on retrouve la région des forêts et celle des pâturages.

L'agriculture est, en général, assez avancée; mais la récolte des céréales est insuffisante pour la consommation du pays. Dans le jardin de l'auberge de Schwaribach sur la Gemmi, situé à 6,420 pieds, on cultive même divers légumes. Les bords septentrionaux du lac de Bienne sont particulièrement propres à la vigne. Sur les monts qui dominent Brienz, dans les endroits exposés au soleil, le noyer, le plus délicat des arbres fruitiers, porte des fruits, à 2,800 pieds au-dessus de la mer. Les autres espèces d'arbres fruitiers, pruniers, pommiers, poiriers, cerisiers, croissent à de plus grandes hauteurs.

Bien qu'on en ait défriché beaucoup, les forêts abondent encore dans le canton : elles couvrent plus d'un sixième de la surface du pays. Dans le centre du canton et sur la partie inférieure du Jura, les hêtres dominent; on en voit aussi beaucoup dans quelques-unes des vallées des Alpes. Ce n'est qu'entre Berne et Soleure qu'on trouve des forêts de chêne vulgaire. L'érable de montagne est assez commun dans la région où le hêtre devient rare. Le bouleau blanc, commun dans la plaine, surtout dans les terrains marécageux, ne croît qu'épars dans les Alpes. Parmi les arbres résineux, ce sont le *sapin rouge* et le *sapin blanc* qui sont les plus communs; ils croissent jusqu'à 6,500 pieds. On trouve aussi des *pins sauvages*, surtout sur les pentes exposées au soleil. Le mélèze, qui prospère également bien dans la plaine et sur les montagnes croît dans les vallées d'Oberhasli et de Gadmen, jusqu'à 6,000 pieds. Le cimbre, *pinus cimbra,* y croît dans les hautes régions jusqu'à 6,300 pieds.

La chaîne principale de l'Oberland est en partie composée de roches primitives, en particulier le groupe du Finsteraahorn, formé de granit et de gneiss; mais la formation calcaire y occupe aussi une grande place. Le calcaire recouvre le gneiss au Wetterhorn; au Schreckhorn, le granit alterne avec les couches de gneiss et de calcaire; la Jungfrau paraît presque entièrement composée de calcaire reposant sur la roche primitive. De la Gemmi au Sanetsch, la chaîne est aussi calcaire. Il en est de même des montagnes qui entourent le lac de Thoune.

5.

L'Oberland possède diverses mines, mais aucune dont l'exploitation ait été productive. Ainsi, l'on trouve du fer, du plomb et de l'argent au fond de la vallée de Lauterbrunnen, du fer magnétique ou aimant au Wetterhorn, etc. Mais les cristallières méritent surtout d'être mentionnées. La plus riche qu'on ait exploitée en Suisse est celle du Zinkenstock, sur le glacier de l'Aar. On a découvert une autre mine de cristal non loin de l'hospice du Grimsel; on y trouva, dans un lit de terre glaise, des cristaux de formes assez bizarres, et pour la plupart aplaties, et dont quelques-uns pesaient 40 à 50 livres. On trouve de la pierre ollaire dans l'Oberhasli; de l'asbeste à Lauterbrunnen; du marbre, dans les vallées de Grindelwald et de Gadmen, et au sud du lac de Thoune; de la houille, près de Boltigen dans le Simmenthal. L'Emme charrie des paillettes d'or, mais moins aujourd'hui qu'autrefois. — Dans la région basse ou centrale, les roches qui dominent sont des *grès*, qui contiennent une quantité de débris organiques. Tels sont les bancs de fossiles que l'on voit près de Berthoud.

ANTIQUITÉS. — Le canton de Berne n'est pas aussi riche en restes d'antiquités que les contrées qu'il gouvernait autrefois (Vaud et Argovie). On n'a reconnu aucune trace d'une occupation romaine dans l'Oberland au-delà de Thoune. Quant à Berne, comme on le sait, elle ne date que du milieu du moyen-âge. On a déterré des monnaies romaines à Hindelbanck, près Berthould; à Langenthal; aux environs de Bienne; à Mury, près Berne; aux environs de Thoune. On a trouvé à Amsoldingen, près Thoune, une inscription latine qui est un indice de la domination romaine plus concluant que les monnaies, car il est possible que ce soit à l'approche des hordes de barbares du Nord que les habitants aient enfoui leur argent. On a reconnu aussi quelques restes celtiques, entre Berne et Thoune. On a découvert dans le cimetière d'Herzogenbuchsee un superbe pavé de mosaïque et les tombeaux des martyrs Félix et Régula, dont les cadavres furent apportés en ce lieu après leur exécution à Zurich, vers l'an 300.

HISTOIRE DE LA VILLE ET DU CANTON DE BERNE. — Les chroniques et diverses inscriptions s'accordent à assigner à l'origine de la ville de Berne l'année 1191, et attribuent sa fondation au duc de Zæhringen Berthold V, dont les Etats comprenaient alors tout le pays situé en deçà du Jura et du lac de Genève jusqu'à la Reuss.

Berthold possédait un château de chasse, appelé la Nydeck, qui se trouvait sur l'emplacement où l'on a élevé plus tard une église du même nom. La position de ce château sur une éminence entourée par l'Aar en rendait l'approche difficile, en même temps qu'elle le rendait propre à protéger la ville qui s'élèverait sous ses murs. Ce fut le plateau de cette colline que Berthold choisit pour l'exécution de son projet. Les premières maisons furent bâties avec des chênes coupés sur la place même. Les chroniques rapportent que Berthold ayant tué un ours à l'endroit où la ville fut bâtie, il la nomma *Berne*, du nom de cet animal, appelé *Bœr* en langue allemande. Dans le but d'attirer une nombreuse population dans la nouvelle ville, le duc de Zæhringen accorda plusieurs franchises à quiconque vint s'y établir.

Frédéric II, qui occupait le siège de l'empire, lui accorda de nouveaux privilèges, et la déclara même indépendante. Une foule d'étrangers s'empressèrent de venir s'y établir et de se faire recevoir au nombre de ses bourgeois, et contribuèrent à l'agrandir et à la rendre florissante. En 1291, Berne remporta sur les hauteurs du Donnersbühel une grande victoire sur l'empereur Rodolphe de Habsbourg.

C'est vers 1340 que Berne réunit l'Oberland à son territoire.

Les habitants des vallées de Hasli et de Grindelwald avaient, dès le 12e siècle, repoussé les agressions de la maison d'Autriche et des seigneurs de Kybourg et de Strassberg, et avaient su conserver leurs privilèges menacés. En 1333, mécontents de leur nouveau maître, ils offrirent à Berne de se soumettre à sa domination, s'il consentait à maintenir tous leurs privilèges. Berne s'empressa de saisir cette occasion d'étendre son territoire.

En 1339, Berne ne voulant pas recevoir la monnaie que le comte Eberhard de Kybourg frappait avec privilège impérial, ni reconnaître même l'empereur Louis de Bavière, les seigneurs du voisinage saisirent avec joie ce prétexte pour châtier les rebelles. Le comte Nidau, chef de la ligue, avait à son service un jeune guerrier bernois, Rodolphe d'Erlach ; il eut la générosité de le laisser partir pour aller offrir son bras à sa patrie. D'Erlach fut élu chef de l'armée bernoise, qui, avec le secours des Petits-Cantons, de Soleure et du Hasli, s'élevait à 6,000 hommes. Cette petite armée, à laquelle d'Erlach communiqua son ardent patriotisme, attaqua intrépidement l'ennemi, qui assiégeait Laupen où les Bernois avaient placé une garnison de 400 hommes. Les nobles ne purent résister à l'impétuosité des troupes suisses, et furent mis en complète déroute ; ils laissèrent 4,500 hommes et 27 bannières sur le champ de bataille.

Mais, vers ce temps, une ère nouvelle avait commencé pour l'Helvétie ; Schwytz, Uri et Unterwald s'étaient soulevés, et s'étaient affranchis de toute dépendance. En 1353, Berne entra dans la Confédération helvétique, et le second rang lui fut assigné entre les cantons. Depuis cette époque mémorable, sa puissance ne cessa de s'agrandir ; elle recula peu à peu les limites de son territoire, et des alliances nombreuses affermirent ses institutions et son autorité.

Au commencement du 15e siècle (1415), Berne s'agrandit en particulier du côté du nord. L'empereur ayant déclaré le duc Frédéric coupable du crime de lèze-majesté envers l'empire, le dépouilla de ses droits de souverain et de ses fiefs. Alors les Bernois, dans l'espace de quelques semaines, s'emparèrent de dix-sept forteresses et villes fortifiées, et d'une vaste et riche contrée formant la plus grande partie de l'Argovie.

En 1476, Berne se réunit à ses alliés pour s'opposer à l'invasion dont Charles-le-Téméraire les menaçait. Les victoires de Grandson et de Morat les délivrèrent du conquérant; mais l'immense butin qui devint la proie des Suisses causa parmi eux des discussions graves. C'est à cette époque que les Suisses commencèrent à s'enrôler sous les drapeaux de plusieurs souverains. Berthold Haller prêcha publiquement la Réforme à Berne, ainsi que Musculus (*Müslin*) et Nicolas Manuel. Le nouveau culte fut solennellement reconnu en 1530. En 1536, le pays de Vaud fut enlevé par les Bernois au duc de Savoie. En même temps, la Réforme fut prêchée et facilement introduite dans le pays conquis,

Cependant l'aristocratie bernoise était devenue de jour en jour plus puissante, et les familles patriciennes avaient fini par composer seules le gouvernement. D'importantes améliorations matérielles eurent lieu durant le 18e siècle; l'administration bernoise s'appliqua à gouverner avec ordre et économie, en même temps qu'avec une rare équité; en particulier, elle fut l'une des premières à porter son attention sur l'amélioration des voies publiques.

Lorsque éclata le révolution française, les idées nouvelles ne tardèrent pas à s'introduire en Suisse; les campagnes et les pays sujets réclamèrent leur affranchissement; l'Argovie et le pays de Vaud redemandèrent avec plus d'énergie que jamais les libertés que Berne leur avait enlevées. Les Vaudois implorèrent même la médiation de la France, en vertu d'anciens traités. Comme d'autres gouvernements suisses, celui de Berne fit alors quelques concessions tardives. Berne, Soleure et Fribourg opposèrent leurs troupes à l'armée française. Quelques secours arrivèrent aussi de Lucerne, Glaris et des Petits-Cantons. C'était encore un d'Erlach qui commandait les Bernois, comme à la journée de Laupen. Mais, après une résistance intrépide et des combats sanglants, ils durent céder au nombre. Voyant que tout était perdu, les paysans armés, poussés par le désespoir, crièrent à la trahison, et assassinèrent plusieurs de leurs officiers, et entre autres d'Erlach. Berne fut obligé de capituler le 5 mars 1798, et de renoncer à sa domination et à son pratriciat. Une grande partie de son trésor devint la proie des vainqueurs. L'indépendance de Vaud et d'Argovie fut proclamée, et ces deux contrées restèrent définitivement constituées en cantons distincts.

Dès que les évènements eurent annulé l'Acte de médiation à la fin de 1813, les patriciens s'empressèrent de ressaisir une partie de leurs anciens privilèges. En 1815, le Congrès de Vienne donna à Berne la ville de Bienne et son territoire, avec une grande partie du ci-devant évêché de Bâle, en dédommagement de la perte de ses anciennness possessions.

Le canton de Berne fut un des premiers qui éprouvèrent le contre-coup de la révolution française de 1830. Le gouvernement aristocratique fut renversé; une nouvelle Constitution démocratique fut élaborée; et l'Etat de Berne fut dès-lors un des cantons radicaux les plus avancés. C'est à Berne que siégeait la Diète en 1847, lorsque la guerre civile éclata en Suisse et que les cantons de la majorité levèrent des troupes pour forcer la ligue catholique du Sonderbund à se dissoudre. Après la victoire, un nouvel Acte fédéral fut délibéré à Berne, et depuis l'adoption de cette nouvelle Constitution par la grande majorité de la Suisse, Berne est devenu chef-lieu permanent de la Confédération helvétique et le siège des autorités fédérales.

Constitution. — Le gouvernement de Berne était autrefois une république aristocratique pure; tous les emplois se trouvaient concentrés dans un petit nombre de familles.

D'après la Constitution de 1831, qui fut acceptée le 31 juillet par 27,802 voix contre 2,153, Berne est devenue une république démocratique. La liberté de la presse, la liberté de croyance, l'égalité devant la loi, etc., ont été consacrées; toutes les fonctions civiles n'ont plus été confiées que pour un temps limité.

Cette Constitution a été révisée en 1846; le nouveau projet, rédigé par une Constituante, a été adopté le 31 juillet par 34,079 voix contre 1,257. La révision a porté principalement sur les points suivants : On est électeur à 20 ans révolus et éligible. Le territoire est divisé en cercles élisant un député par 2,000 âmes de population. Le Grand Conseil est nommé pour quatre ans, et renouvelé intégralement. Le Grand Conseil nomme un Conseil d'Etat de 9 membres sachant les deux langues, et il en élit le président. Une dernière révision a eu lieu en 1872.

CULTES. — Sur la population totale du canton, on compte 450,000 protestants, 90,000 catholiques et 1,200 israélites. On trouve en outre dans le Jura, un certain nombre de familles d'anabaptistes, qui, chassés du canton de Berne il y a deux siècles, pour s'être refusés au port d'armes et à la prestation du serment, vinrent se réfugier dans ce pays, où elles ont cultivé les arides sommités qu'elles habitent.

INSTRUCTION PUBLIQUE. — Chaque préfecture du canton possède deux collèges et un certain nombre d'écoles primaires. Berne, Thoune, Delémont et Porrentruy, possèdent des gymnases entretenus en partie par le gouvernement. En outre, la capitale possède une académie. Celle-ci se divise en supérieure et inférieure. Cette dernière se compose principalement d'un lycée ou gymnase ; la haute académie se divise en 5 sections ou facultés ; on y professe la théologie, la jurisprudence, la médecine et la chirurgie, les sciences physiques et mathématiques, la philosophie et la philologie.

HOMMES DISTINGUÉS — Un grand nombre de Bernois se sont illustrés dans les carrières administrative et militaire, ou se sont fait un nom dans les diverses branches des connaissances humaines. Il serait difficile de nommer tous les hommes qui ont honoré leur patrie par leurs vertus civiques, ou par leur génie et leur talent. Parmi les hommes de guerre, nous citerons *Rodolphe d'Erlach*, le vainqueur de Laupen. Jean-Louis d'Erlach se distingua dans les guerres de Flandre, sous Louis XIV. Un troisième fut amiral en Hollande. Ce fut aussi un d'Erlach (Charles-Louis), qui commandait les Bernois en 1798, et qui fut massacré par les siens. Nommons encore les *Diesbach*, les *Bubenberg*, les *Lentulus*. — Dans la magistrature, brillèrent particulièrement les noms des *Bubenberg*, des *Tscharner*, des *Steiger*. — Au premier rang des réformateurs bernois, nous devons nommer *Berthold Haller*, qui prêcha la Réforme à Berne vers 1520. Il fut secondé par le savant *Wolfgang Musculus* (Müslin).

Dans la carrière des lettres et des sciences, les noms les plus saillants sont les suivants : *De Wattewille*, historien de la ville de Berne ; *Bernard Tscharner*, auteur d'une histoire de Suisse et d'une traduction des poésies de Haller ; *Louis de Muralt*, qui publia, sur la fin du 17º siècle, ses *Lettres sur les Anglais et les Français; André Morell*, célèbre numismate, que Louis XIV nomma garde de son cabinet des médailles ; *Samuel Kœnig*, mathématicien connu par ses démêlés avec Maupertuis ; *Thomas Wittenbach*, philosophe célèbre du 16º siècle. Mais tous ces noms furent éclipsés par celui de *Hal-*

ler, justement appelé le Grand. Il se place naturellement, dans les Annales de la science, immédiatement après ceux de Bacon, de Descartes, de Leibnitz et de Buffon. Bans la seconde partie du même siècle, se fit connaître M. *de Bonstetten*, écrivain ingénieux et fin. — *Schœrer* s'est fait connaître comme bon orientaliste ; *Jahn*, par ses profondes connaissances dans la littérature ancienne et moderne. — *Schnell* a écrit avec succès sur le droit civil, et *Henke* sur le droit criminel.

Berne a produit aussi de nombreux artistes. *Joseph Heinz*, né à Berne en 1530, étudia, à Venise, sous Paul Véronèse, et a passé pour le meilleur peintre de la Suisse après Holbein! *Joseph Werner* s'appliqua principalement à peindre la miniature, genre dans lequel il excella. Nommons encore, parmi beaucoup d'autres, les peintres *George Volmar*, *Lory*, *Kœnig*, et *Freudenberger*, qui ont enrichi les collections des amateurs de scènes champêtres, de costumes divers et de charmants paysages.

INDUSTRIE ET COMMERCE. — Le commerce du canton de Berne n'est pas aussi considérable qu'il devrait l'être proportionnellement à son étendue et à sa population. Il est néanmoins quelques endroits où l'industrie est florissante. Une des branches les plus importantes de l'industrie et du commerce bernois, c'est l'horlogerie, qui a été introduite il y a environ un siècle dans le Val Saint-Imier, où elle occupe maintenant un grand nombre d'ouvriers. La fabrication des toiles de lin a reçu quelques extension dans l'Emmenthal. Burgdorf possède une fabrique de rubans de soie, et Berne plusieurs fabriques de soieries. Berne, Frutigen, le Simmenthal, possèdent plusieurs fabriques de draps; il y a aussi à Interlaken et à Brienz des fabriques de dentelles, de soie noire et de blondes.

La poterie occupe un grand nombre de bras, particulièrement à Heimberg, à une lieue de Thoune, et cette fabrication est favorisée par l'abondance du bois, d'où l'on tire également beaucoup de potasse, qui sert à alimenter les verreries du pays. Les charpentiers de l'Emmenthal fabriquent des maisons entières en bois, lesquelles peuvent se démonter et se voiturer au loin. On fabrique avec une habileté remarquable beaucoup de petits ouvrages en bois sculpté à Meyringen et à Brienz. Enfin, la fabrication des fromages occupe aussi un grand nombre d'individus dans les Alpes et dans le Jura.

Mœurs, coutumes, caractère. — Il serait difficile de caractériser par des traits généraux l'habitant du canton de Berne, car on comprend combien il doit exister de différences entre le bourgeois de la capitale, le montagnard de l'Oberland, et l'artisan du Jura. Les habitants de l'Oberland sont en général affables; ceux du Hasli, en particulier, se distinguent par des manières plus polies et plus engageantes. Les montagnards ne sont point insensibles aux beautés de la nature. Malgré la rudesse de la vie qu'ils mènent, ils conservent une remarquable égalité d'humeur. Les habitants de l'Oberland sont moins éclairés que ceux de l'Emmenthal, et montrent une grande inertie contre toutes les nouveautés; on reproche même de l'indolence à ceux d'Interlacken et de Grindelwald. Depuis un temps très-reculé, les exercices gymnastiques sont en usage dans les Alpes bernoises. A diverses époques fixées, les bergers se réunissent sur certaines alpes, et les jeunes gens des contrées voisines y accourent pour disputer le prix de la force et de l'adresse. Des vieillards sont les juges du combat, et doivent veiller à ce que tout s'y passe suivant les règles convenues. Les lutteurs de l'Oberland et de l'Emmenthal viennent aussi à Berne le lundi de Pâques, pour se livrer à leurs exercices en présence d'une nombreuse population.

Quant aux costumes, les classes aisées et la bourgeoisie des villes suivent, en général, les modes françaises. Dans les campagnes, on trouve encore quelques restes d'un costume national. Dans la partie allemande du canton, les femmes portent de larges manches de chemise; près de Berne, elles ont sur la tête une sorte d'auréole de dentelles noires, et souvent, par-dessus leur corset, des chaînes d'argent. Dans le Hasli, les femmes s'habillent d'une manière un peu lourde et qui leur est désavantageuse; elles ont souvent la tête nue, et les jeunes filles laissent pendre de longues tresses. Dans l'Oberland et la partie centrale du canton, beaucoup de paysans portent des habits d'un drap grossier fabriqué dans le pays, et de couleur jaunâtre.

Ville de Berne. — La ville de Berne est bâtie sur une longue presqu'île formée par l'Aar, qui l'entoure au nord, à l'est et au sud. La plus grande partie de la ville occupe un plateau élevé de 100 pieds au-dessus de la rivière; la partie basse, du côté du sud, s'appelle la *Matte* (la *prairie*); c'est là que se trouvent réunis un grand nombre de moulins et toutes les usines qui ont besoin d'un cours d'eau. Du côté du couchant, l'enceinte de la cité fut successivement reculée. Les rues, qui sont en général larges et droites, s'étendent presque toutes de l'est à l'ouest. La principale (*Kramgasse* ou rue du commerce), où se concentre l'activité bernoise, présente un coup d'œil extrêmement animé, surtout les jours de marché. Presque toutes les rues ont des arcades fort commodes pour la circulation et bordées de magasins, mais un peu humides et sombres, surtout du côté du nord, où pénètre rarement un rayon de soleil. Comparée aux autres villes de la Suisse, Berne a l'avantage d'avoir su le mieux garder une physionomie nationale. La principale rue aboutit du côté de l'est, par une pente rapide, à un pont de pierre à trois arches, qu'on appelle la porte de Soleure ou *porte inférieure*. L'accès de cette partie de la ville est très-pénible et même dangereux pour les voitures; on y a remédié par la construction d'un nouveau pont, situé en amont, jeté sur la rivière et sur la vallée; c'est un gigantesque monument, élevé de 93 pieds au-dessus de l'Aar, et qui fut terminé en 1847. L'arche du milieu a une ouverture de 150 pieds. Ce pont, qu'on appelle de la *Nideck*, est construit en granit tiré en grande partie des blocs erratiques qu'on trouve non loin de Meyringen.

Les rues de Berne, remarquables par leur propreté, sont traversées, dans leur longueur, par des ruisseaux d'eau vive, coulant dans de petits canaux de pierre de taille. On y voit aussi, de distance en distance, de belles fontaines. Celles-ci sont presque toutes ornées de statues représentant Samson, Moïse, Thémis, etc. La plus singulière est celle du *Kindlifresser* (ogre, ou mangeur d'enfants), près de la Tour de l'Horloge. On sait que l'ours, surnommé *Mutz* ou le *vieux Mutz*, est le symbole de la puissance de Berne; aussi les Bernois se sont-ils plu à le représenter en maint endroit. On le voit au-dessus d'une fontaine, armé en guerre, avec casque, bouclier, glaive au côté, et bannière dans la patte. La porte de Morat est gardée aussi par deux énormes ours de granit, travail du sculpteur Abbarth, et qui méritent d'être remarqués. Depuis des siècles une famille d'ours a été entretenue sur un fonds spécial dans un fossé de l'enceinte. Cette famille, maintenant éteinte, a été remplacée, en 1853, par de jeunes ours envoyés de Paris et de Russie. Les fossés aux ours sont situés près de la porte d'Aarberg.

Edifices publics. La *cathédrale* (ou *Münster*) est un bel édifice, long de 260 pieds, large de 108. Elle a été commencée en 1421, et terminée en 1502. Bâtie dans le style gothique du moyen-âge, son architecture est imposante, et se distingue particulièrement par la hardiesse des ogives et par une multitude d'aiguilles de toutes formes qui couronnent les arcs-boutants et les piliers. Elle possède quelques ornements qui ne le cèdent en rien pour le dessin et l'exécution à ceux de la cathédrale de Strasbourg, tels que la balustrade qui règne autour du toit, et qui est d'un remarquable travail à jour, dont le dessin change entre chaque arc-boutant. Le portail occidental est d'une grande beauté : les sculptures représentent le jugement dernier. Le portail offre trois entrées, dont la principale est extérieurement fermée par une grille en fer, décorée de nombreux écussons aux armes de familles bernoises, et de sculptures remarquables, dues à un artiste westphalien, Erhard Kung ou Kœnig. C'est au-dessus de ce portail que s'élève la tour, haute de 191 pieds. Dans les deux tourelles dont elle est flanquée sont les escaliers qui conduisent à l'habitation du guet et à la galerie qui offre une vue remarquable.

La sculpture des stalles et la peinture des vitraux du chœur méritent l'attention ; elles décèlent en quelque sorte l'esprit de controverse qui a régné sur la fin du 15e siècle. On remarque sur les premières quelques traits malins contre le clergé ; sur les dossiers des stalles sont représentés d'un côté les apôtres, de l'autre les prophètes.

Sur un des pilastres du chœur on voit les armes du duc de Zæhringen et la statue de l'un des architectes, qui repose sur un piédestal soutenu par deux frêles colonnes, avec ces mots tracés en lettres gothiques : *Mach's na* (imite-le), et qui formaient, dit-on, la devise de cet artiste. Dans la salle contiguë à la sacristie on conserve une grande tenture brodée représentant le martyre de saint-Vincent de Saragosse, et quelques autres qui servirent à décorer les tentes du duc de Bourgogne.

La nef, dont la voûte, élevée de 72 pieds et portée par dix piliers, était autrefois décorée d'un grand nombre de bannières conquises dans les anciennes guerres. Ce qu'elle renferme de plus remarquable, ce sont les mausolées du duc Berthold de Zæhringen et de l'avoyer Fréd. de Steiger. Six tables de marbre disposées autour du monument élevé à la mémoire de Steiger, placé à la gauche du chœur, indiquent les noms des 700 Bernois qui ont succombé dans les divers combats qui eurent lieu en 1798 entre les Français et les Bernois. Il y a, jour et nuit, sur la tour de la cathédrale, un guet chargé de sonner les heures et de donner l'alarme en cas d'incendie.

La place de l'ouest de la cathédrale est ornée d'une statue équestre en bronze de Rodolph d'Erlach, vainqueur de Laupen, érigée en 1851; aux quatre coins se retrouvent les inévitables ours.

L'*Eglise du Saint-Esprit*, bâtie en 1704, est un édifice d'un bon goût. — L'*Eglise française*, ou église catholique, a été bâtie en 1265 par les Dominicains. Elle fut consacrée à saint Pierre et saint Paul, et renfermait plusieurs autels richement ornés. Cette église a été réparée à diverses époques.

Vers le milieu de la ville s'élève la *Tour de l'Horloge*, qui date de la fondation de la cité. Il y a encore dans la même rue deux tours semblables, situées plus à l'ouest : le *Kæfigthurm* (*Tour des cages*), qui sert de prison, et la *Tour de Goliath* ou de *Saint-Christophe*, sur laquelle se trouve une figure colossale. Deux minutes avant que l'heure sonne à la Tour de l'Horloge, une troupe d'ours en diverses postures grotesques défile devant une figure assise.

L'*Hôtel-de-Ville*, édifice d'un style plutôt lourd qu'élégant, date de plus de trois siècles. Un double escalier, adossé à la façade principale, conduit au 1er étage. Cette façade est ornée d'écussons aux armes des préfectures du canton. L'hôtel renferme de belles salles, entre autres celles du Grand et du Petit Conseil, et l'on y voit plusieurs tableaux remarquables.

La *Bibliothèque de la Ville* possède 40,000 volumes et environ 1,500 manuscrits. Autour de la grande salle règne une galerie, supportée par douze colonnes de stuc jaune et ornée d'une légère balustrade; le plafond est décoré d'une peinture à fresque, représentant Minerve couronnée par

Apollon. Cette bibliothèque commença à se former à l'époque de la Réformation par le dépôt des livres et manuscrits trouvés dans les couvents sécularisés. Le célèbre Haller fut à la tête de ce bel établissement, de 1734 à 1736.

Le *Musée*, situé à côté de la Bibliothèque, communique avec cet établissement par un corridor. Sa façade, sur laquelle on lit *Musis et Patriæ*, est surmontée de la statue de Minerve, sculptée en grès. Le Musée contient une riche collection d'antiquités, où l'on voit entre autres des objets du Japon, du Canada, de Pompeï et de Rome ancienne; l'autel de campagne de Charles-le-Téméraire, décoré de sculptures avec des ornements d'or, et d'autres reliques de Grandson et de Morat.

Non loin du Musée, l'on trouve un petit *Casino* ou salle de concert, qui sert aussi quelquefois de salle de spectacle. Près de la terrasse du Casino s'élève le nouveau *Palais fédéral*, dont la construction fut achevée en 1856. C'est un édifice grandiose, en pierres de taille, et destiné à servir de siège aux autorités de la Confédération.

L'*Arsenal*, situé du côté du nord, se compose de plusieurs grands bâtiments qui entourent une vaste cour. Il contient un grand attirail de guerre et beaucoup d'armures anciennes. On y conserve celle de Jean-Fr. Nægeli, qui conquit le pays de Vaud en 1536. Une partie des trophées que possédait l'arsenal a été enlevée par les Français. — Le grand *Grenier à blé* est un bâtiment de 80 pas de longueur, au rez-de-chaussée duquel est une vaste salle où se tient le marché des céréales. Un escalier d'une trentaine de marches conduit dans la grande cave, où l'on voit des tonneaux d'une capacité énorme.

Il existe à Berne plusieurs institutions de bienfaisance : deux maisons d'orphelins, une maison d'aliénés, un institut pour les sourds-muets, un institut pour les aveugles, et deux magnifiques hôpitaux. Le *Grand Hôpital*, ou *Hôpital des bourgeois*, est situé près de la porte de Morat. Il est d'une belle architecture. — L'*Hôpital* dit de *l'Ile* est situé dans la rue de l'Ile, à côté du Casino; il se compose de deux pavillons et d'un corps-de-logis principal. L'entrée est ornée de bas-reliefs représentant la scène du Samaritain. La façade opposée, qui domine la campagne, est bordée d'une terrasse, de laquelle on jouit d'une des plus belles vues de la chaîne des Alpes, en même temps qu'on y respire un air pur, à l'ombre d'arbres majestueux.

Promenades. — La *Plate-forme*, ou terrasse de la cathédrale, était autrefois un cimetière; il a été converti en une belle promenade ombragée de lignes de marronniers, et ornée de la statue de Berthold de Zæhringen, fondateur de Berne, due à M. de Tscharner. Sur le parapet l'on voit une plaque de marbre, où on lit une inscription qui rappelle qu'en 1654, un étudiant, nommé Théobald Weinzœpfli, s'étant avisé de monter sur un cheval qui paissait sur le gazon, cet animal, effarouché par d'autres jeunes gens, s'élança par-dessus le parapet et se précipita avec son cavalier dans l'abîme. Celui-ci se cassa un bras et une jambe, mais il se guérit, et remplit ensuite pendant 30 ans les fonctions de pasteur.

On désigne sous le nom des *Petits remparts* les deux bastions situés au sud-ouest de la ville, et qui sont arrangés en délicieuses promenades et ombragés de magnifiques tilleuls. Le bastion le plus rapproché de l'Aar a été disposé comme un jardin anglais; le point de vue dont on jouit du haut du bastion est enchanteur : on voit, d'abord, la rivière et plusieurs petites îles; au-delà de ce premier plan se déroule une riche contrée, partout ornée de jolies maisons de campagne; de petits bois tapissent d'un vert varié les pentes des montagnes qui s'élèvent en amphithéâtre jusqu'à la chaîne majestueuse des Alpes. Les pics les plus élevés de cette chaîne se découpent parfaitement sur l'azur du ciel. L'autre bastion sert quelquefois à des spectacles publics et à des exercices gymnastiques. C'est là que se réunissent, le lundi de Pâques de chaque année, les paysans de l'Oberland et de l'Emmenthal qui viennent à Berne pour essayer leurs forces à la lutte (1). N'oublions pas le Schœnzli, magnifique promenade au nord de la ville. On y trouve des bains, un restaurant, café, le tout splendide, avec une vue des Alpes unique dans son genre.

(1) Ces bastions ont subi, depuis quelques années, des modifications considérables.

De l'autre côté de l'Aar, sur la colline de l'Altenberg, on jouit à la fois de l'aspect de la ville et de celui des Alpes. Il en est de même sur la colline où est placé l'Observatoire et qui se touve à l'ouest de la porte d'Aarberg. Au nord de cette porte, on trouve la *Schützenmatt*, ou Prairie des tireurs; plus loin s'étend la belle promenade de l'*Engi*, avec ses frais ombrages et une vue magnifique. Le chemin des *Philosophes* conduit au Donnerbühel, dont la position est admirable. Ce lieu excite vivement l'intérêt, parce qu'il a été le théâtre du premier combat que les Bernois livrèrent, en 1291, aux Autrichiens et aux chevaliers. On peut aussi citer, pour leurs points de vue remarquables, la colline de *Bantigen*, au nord-est de Berne, et celles de *Gurten* et de *Belpberg*, au sud, sur la rive gauche de l'Aar, etc.

Passons à la description des diverses parties du canton. Nous commencerons par Thoune et l'Oberland, qui sont la partie la plus fréquentée par les étrangers.

Ville et lac de Thoune. Indépendamment de la ligne ferrée, deux routes conduisent de Berne à Thoune; la principale suit la rive droite de l'Aar et passe par le grand village de Münsingen, devenu célèbre par des assemblées populaires. Un peu plus loin, l'on passe au village de Wichtrach, où le général d'Erlach fut massacré en 1798. Il a été inhumé derrière le chœur de l'église. La route qui suit la rive gauche est plus variée, et passe sous la colline de Belp. La vallée de l'Aar est verdoyante et parsemée de beaux villages. En se dirigeant vers Thoune, on a constamment en face de soi plusieurs des sommets neigeux de l'Oberland. La ville de Thoune est située sur l'Aar, à un quart de lieue du lac auquel elle donne son nom. Elle est dominée par l'église paroissiale et par l'ancien château des comtes de Kybourg. A la droite du portail, une pierre tumulaire, engagée dans le mur et à moitié dégradée, rappelle l'accident arrivé à sept jeunes garçons et jeunes filles qui périrent sur le lac en ramenant un fiancé. La vue qu'on a du cimetière est très pittoresque : on domine la ville, les deux bras de la rivière et la plaine fertile qu'elle sillonne.

D'après quelques historiens, le château de Thoune aurait été construit vers l'an 1182, par Berthold, duc de Zæhringen, fondateur de Berne. Selon d'autres, il serait plus ancien encore. Quant à la ville elle-même, on ignore la date de son origine; on fait dériver son nom d'une racine celtique *doun* (probablement synonyme du *town* des Anglais), et qui reparaît dans plusieurs noms latins de villes de la Gaule et de l'Helvétie. On trouve déjà, dès le 6me siècle, une mention du *lacus dunensis*, ce qui fait supposer que la ville existait dès cette époque et donnait son nom au lac voisin. Thoune est le siège de diverses écoles fédérales militaires, école pour le génie et l'artillerie, école des instructeurs, etc.

Les environs de Thoune abondent en beaux points

de vue. Un des sites les plus favorables est une éminence qui s'élève au-dessus de l'hôtel de Bellevue, placée au bord du lac, et qui est couverte de délicieux bosquets et surmontée d'une rotonde rustique. A quelque distance du pavillon, sous un chêne au vaste ombrage, on lit une inscription consacrée au souvenir d'un vieux troubadour, Henri de Strættlingen, issu d'une famille puissante. Tout près de là, sa tombe est presque cachée sous l'épais gazon qui l'environne. — A l'ouest de Thoune, on peut visiter la contrée intéressante où se trouvent les bains de Blumenstein et de Gournigel, dont nous avons parlé, et le pays du *Guggisberg*, dont les habitants se font remarquer par leur vivacité et par la beauté de leur sang.

On peut se rendre de Thoune à Interlaken, soit par la voie du lac avec le bateau à vapeur, soit par les deux rives ; la route principale passe sur la rive gauche. Au-delà de Merlingen, on voit s'avancer dans le lac un promontoire appelé la *Nase*, ou le *Nez*. Après avoir dépassé la *Nase*, on aperçoit sur les flancs du Beatemberg la caverne de Saint-Béat ; il en jaillit un ruisseau, qui souvent grossit avec une telle rapidité, qu'il remplit la caverne et en sort avec fracas. Saint Béat, premier missionnaire de l'Evangile dans cette contrée, doit, suivant une légende, l'avoir habitée. — Les paysages qu'offre la rive méridionale sont plus variés et plus gracieux, quelquefois même majestueux. A l'angle formé par l'Aar et le lac, s'élève, au milieu d'un parc, le château de Schadau, avec de nombreuses tourelles, qui produisent un effet assez pittoresque. Plus loin, l'on aperçoit, sur une langue de terre qui fait saillie dans le lac, l'ancien château de Spietz, dont la construction primitive est attribuée à Rodolphe de Strættlingen, qui se fit, en 888, roi de la Bourgogne. A l'époque de la chevalerie, il s'y tint une cour brillante, que les vieilles chroniques appelèrent le *goldene Hof*, la cour d'or. On voit, entre le Stockhorn et la pyramide du Niesen, une gorge étroite, qui donne accès dans la grande vallée du Simmenthal; puis, à la gauche du Niesen, on voit s'ouvrir la vallée de Kander, au fond de laquelle se font remarquer les glaciers de l'Altels et de la Blümlisalp.

Interlaken. Le bateau à vapeur aborde à Neuhaus, d'où l'on se rend à Unterseen, petite ville bâtie en bois, et située sur la rive droite de l'Aar; plusieurs de ses maisons sont entièrement brunies de vétusté, et offrent une construction singulière, remontant à deux ou trois siècles. Une allée de magnifiques noyers, longue d'une demi-lieue, traverse la plaine basse qui s'étend d'Unterseen au lac de Brienz, et qu'on appelait autrefois le *Bœdeli*. A peu de distance de l'Aar, sur la rive gauche, à égale distance du lac de Thoune et de celui de Brienz, est situé le beau village d'Interlaken, qui a complètement changé d'aspect depuis 30 à 40 ans. On y a établi, ainsi qu'aux environs, de nombreux hôtels et pensions, qui reçoivent en été une grande affluence d'étrangers. Sur une colline boisée, nommée le petit *Rugen*, à droite de la route de Lauterbrunnen, est situé l'hôtel du *Jungfraublick* (Vue de la Jungfrau), le seul de cette contrée qui offre pleinement la vue de cette montagne et des deux lacs.

Placé dans une vallée salubre et fertile, à portée des excursions les plus intéressantes de la Suisse, Interlaken a grandi chaque année en réputation. Il est un excellent quartier-général pour ceux qui se proposent des excursions dans les vallées voisines. Les alentours plus immédiats offrent aussi de charmantes promenades. De la colline du Hohbühl, à demi-lieue d'Interlaken, on jouit d'une belle vue sur le lac de Thoune. Le Thurmberg, situé à même distance au-dessus de Gotzwyl, sur la nouvelle route de Brienz, offre également un beau point de vue et un horizon lointain. On peut aussi se rendre dans la vallée de Habkern, au nord d'Unterseen. Dans la même direction se trouve le *Guggisgrat* ou *Gemmeralp*, dont le sommet, élevé de 6,600 pieds, présente un magnifique panorama. Du côté du sud, on va visiter la vallée de *Saxeten*, et les cascades du Wyssbach et du Gurmenbach. On voit sortir des bois les ruines pittoresques du château d'Unspunnen, habité jadis par des seigneurs puissants.

Lac de Brienz et le Giessbach. Dirigeons-nous maintenant vers le lac de Brienz et vers les vallées les plus orientales du canton. Le lac de Brienz n'a pas trois lieues de longueur. Il n'est que de quatre pieds plus élevé que le lac de Thoune, avec lequel il doit avoir été autrefois réuni. Un bateau à vapeur le parcourt en une heure. Sur la rive droite, un chemin mène à Brienz; il passe au-dessous des ruines de l'ancien château de Rinkenberg, à peu près cachées au milieu des vergers, et traverse plusieurs villages entourés d'une forêt de cerisiers. Brienz est un village considérable, dans une situation gracieuse au pied du *Brienzergrat*, qui sépare le lac de Brienz de l'Entlibuch. On fabrique, dans ce village et aux environs, beaucoup d'ouvrages divers en bois sculpté. On y jouit d'une belle vue sur le lac, sur une partie des chutes du Giessbach et sur d'autres cascades. Le point culminant du Brienzergrat est le *Rothhorn*, haut de 7,250 pieds; on y parvient en quatre heures. La vue y est moins grandiose qu'au Faulhorn, situé sur l'autre rive, parce qu'on n'y aperçoit pas la base des grandes Alpes, mais elle est plus gracieuse et plus étendue. Un sentier, un peu rude en quelques endroits, suit la rive gauche du lac, et passe par Iseltwald et Sengg, le long des bases du Faulhorn. On arrive en trois heures et demie aux célèbres cascades du *Giessbach*, lesquelles attirent chaque année une foule de voyageurs sur les bords du lac de Brienz. Ce n'est que de près et sur le flanc même de la montagne qu'on voit les vraies chutes qui ont donné au Giessbach son renom européen. Cette cascade se compose d'une série de chutes qui se précipitent de roc en roc, et dont l'effet est très pittoresque par le charmant encadrement de forêts et de fraîche verdure qui donne à ce tableau l'apparence d'un parc gigantesque. On peut se placer derrière une des chutes inférieures, et gagner par-là l'autre rive sur un chemin glissant. L'effet que produit le paysage, vu au travers de cette nappe d'eau, est très original. Chacune des quatorze chutes a reçu une désignation particulière. Ce n'est que depuis le commencement de ce siècle que le Giessbach est connu. Auparavant, il était presque inaccessible. Un sentier très pénible mène en cinq heures du Giessbach au Faulhorn; un autre sentier y mène du village de Sengg. De Brienz on se rend au Giessbach, soit en traversant le lac, soit en faisant le tour de l'extrémité orientale du lac. A demi-lieue de Brienz, non loin de l'embouchure de l'Aar dans le lac, on trouve l'hôtel et pension de Bellevue. Le long du lac sont dispersés de grands amas de débris qui couvrent un sol autrefois fertile. Un torrent de vase détruisit, en 1797, une partie considérable des hameaux de Schwanden et de Hoffstetten, dépendants de Brienz.

Meyringen et le Reichenbach. La route conduit de Brienz à Meyringen en trois heures, en traversant deux fois l'Aar; elle passe au-dessous de plusieurs cascades, entre autres celle de l'Oltschibach, qui est très belle. Meyringen est le chef-lieu de la vallée du Hasli. Cette vallée, qui s'étend jusqu'au col du Grimsel, a 10 ou 11 lieues de longueur. Ses habitants passent pour l'une des plus intéressantes et des plus belles peuplades qu'il y ait dans les Alpes. Il est hors de doute qu'ils sont d'une autre origine que celles dont ils sont entourés; ils descendent, à ce qu'on assure, d'une colonie partie de la Frise ou de la Suède, ou peut-être de ces deux pays. Cette colonie serait arrivé, dans le 5me siècle, vers le lac des Waldstatten, et plus tard elle aurait passé le Brünig et se serait fixée dans le Hasli. Une antique chanson populaire a transmis cette tradition à travers les siècles. Ils se distinguent soit par leur taille et la beauté de leurs traits, soit par leur langage, qui est moins rude que celui des autres Suisses. Le costume des femmes présente aussi quelques particularités. Meyringen est situé dans une plaine large d'environ une lieue, et au milieu de montagnes aux formes pittoresques. Du côté du nord, diverses cascades descendent du Hasliberg par plusieurs gradins; le principal ruisseau est l'*Alpbach*, qui a causé souvent des ravages. Pour en prévenir le retour, on a creusé un large canal qui aboutit à l'Aar. Du côté du sud, l'attention est attirée par les chutes du *Reichenbach*, qui sont au nombre de sept; la première et la dernière sont les plus belles, et s'aperçoivent d'une grande distance; leur fracas se fait aussi entendre au loin. C'est avant midi qu'il convient de contempler la cascade supérieure, parce que, pendant cette partie de la journée, les rayons du soleil forment trois iris circulaires sur la colonne d'eau; sa chute inférieure n'est éclairée que dans l'après-midi. En continuant à monter par le chemin qui conduit aux cascades, on rencontre des points de vue très pittoresques sur le Wetterhorn, le Wellhorn, etc. Le torrent qui sort du glacier, situé au-dessus, et qu'on nomme le Weissbach, coule d'abord au bas d'une profonde crevasse de rocher, sur laquelle on a jeté un petit pont. Meyringen et ses environs sont une des contrées que fréquentent le plus les peintres, car, comme l'a dit un voyageur : « C'est à Meyringen que la nature a placé l'école du paysage. » On sait qu'en 1876, un incendie, alimenté par le fôhn, a détruit les trois quarts de Meyringen.

Oberhasli, Grimsel, la Handek. Si de Meyringen on remonte la vallée du Hasli, il faut huit heures de marche pour atteindre l'hospice du Grimsel. Une haute colline calcaire et boisée, le *Kirchet*, barre la vallée de l'Aar comme une sorte de digue, et ne laisse à la rivière qu'un étroit passage, nommé la *Finstere Schlauche* ou *Sombre Gorge;* le roc semble comme scié du haut en bas. Cette colline est couverte d'une grande quantité d'énormes blocs erratiques de granit, dont plusieurs ont été employés à la construction du beau pont de la Nydeck à Berne. Ces blocs doivent être les restes de la moraine d'un immense glacier, qui aurait jadis rempli la vallée jusqu'en ce lieu. Le chemin est praticable pour les voitures jusqu'à *Im Hof;* il longe pendant quelque temps le Kirchet, et traverse les fertiles prairies du fond de la vallée. Ici, l'on voit, à droite et à gauche, déboucher des vallées latérales, le lac *Engstlensee*, et une source intermittente, connue sous le nom de *Wunderbrunnen*, Fontaine merveilleuse. Elle commence à couler au printemps, lorsque les troupeaux viennent sur la montagne ; et dès qu'ils la quittent, en automne, on voit disparaître ses eaux. Pendant l'été, elle coule régulièrement depuis huit heures du matin jusqu'à quatre heures après midi ; le reste du temps elle est à sec. Cependant, la rareté ou l'abondance des pluies trouble un peu cette régularité périodique. Au-dessus de l'Engstlenalp s'élève le passage appelé le *Joch* ou col du Titlis, par lequel on se rend dans la vallée unterwaldoise d'Engelberg. De ce col, élevé de 6,890 pieds, on peut contempler d'assez près les belles sommités glacées du Titlis. A droite et plus bas, est la riante vallée de *Gadmen*, où l'on trouve un village du même nom. De là, un bon sentier conduit par le col de Susten au canton d'Uri ; sur l'autre revers, on descend dans le Mayenthal, qui débouche à Wasen, sur la route du Saint-Gothard. Au bas de la vallée de Gadmen, il existe une exploitation de marbre blanc d'un grain très pur.

Après Im-Hof, le chemin du Grimsel pénètre par une forte montée dans la gorge étroite où l'Aar coule depuis sa source : c'est l'*Oberhasli* ou Haut-Hasli. Plus haut, l'on a dû faire sauter un rocher pour donner place au chemin. Au bout de deux fortes heures, depuis Im-Hof, on arrive à Guttannen, le plus grand et le plus pauvre village de l'Oberhasli. On voit çà et là, dans les prairies, des pierres amenées par les avalanches, et que les paysans mettent en monceaux pour qu'elles n'entravent pas la végétation. Il faut encore plus de deux heures de marche, dans un pays de plus en plus sauvage, au milieu des rochers et d'une forêt de pins, pour arriver à la cascade de la *Handeck*. En quittant la route, on s'approche avec précaution d'un abîme de 200 pieds, où les flots de l'Aar se précipitent en masse compacte, et d'où s'élèvent un épais brouillard. C'est sans contredit, après la chute du Rhin, la plus remarquable de la Suisse. La chute de l'Aar a une telle force, que l'eau parcourt près de la moitié de l'abîme sans se diviser. L'Ærlenbach, venant des glaciers du même nom, se précipite dans la même gorge, et rejoint, à demi-hauteur de la chute, les eaux de l'Aar, ce qui augmente considérablement l'effet général du tableau. Le chalet de la Handeck est situé à quelques minutes de la cascade, et l'on peut, au besoin, y trouver un gîte; on y voit maintenant une auberge spacieuse.

Au-dessus de la Handeck, il n'y a plus que des sapins nains, qui finissent bientôt par disparaître. Le sol desséché et pierreux ne produit qu'une herbe maigre et de la mousse, et çà et là quelques touffes de rhododendron. A demi-lieue du châlet, on arrive à un plateau de granit arrondi, et dans lequel on a taillé des degrés; on l'appelle le *Mauvais coin (bœse Seite)*. Plus loin, on rencontre un plateau du même genre, qu'on nomme le *pla-*

teau glissant ou *luisant* (*helle Platte*); il est poli comme du marbre, ce qu'Agassiz et d'autres attribuent au frottement d'un glacier. Vis-à-vis, le Gelmerbach, qui descend d'un petit lac, forme une belle cascade. La vallée devient toujours plus étroite et désolée, et la végétation y cesse presque entièrement. Enfin, après avoir passé trois fois l'Aar sur des ponts très élevés, on tourne à gauche, et au bout d'un quart d'heure on arrive à l'hospice du Grimsel, qui fut primitivement un asile pour les voyageurs qui passaient la montagne. Pendant plusieurs années, l'hospice a été tenu par un des hommes les plus notables de la vallée; mais ce fermier, l'ayant incendié, le 6 novembre 1852, a été condamné, en 1853, à vingt ans de prison. Le bâtiment a été reconstruit à neuf. Il est à 5,800 pieds au-dessus de la mer. Tout auprès se trouve un petit lac, de l'autre côté duquel est un maigre pâturage, où l'on nourrit pendant un ou deux mois les vaches de l'hospice. La contrée d'alentour est d'un aspect extrêmement rude et sauvage.

Il faut encore gravir plus d'une demi-heure, par un chemin escarpé, pour atteindre le sommet du col du Grimsel, haut de 6,770 pieds. Le chemin est marqué par des pieux plantés de distance en distance, pour guider le voyageur sur la neige, qui le recouvre jusqu'au milieu de juillet. Au sommet, la neige ne disparaît complètement que quand l'été est très chaud. On y trouve un petit lac, le *Todtensee*, *Lac des morts*. Le sentier qui descend vers le glacier du Rhône par la pente escarpée qu'on nomme la *Meyenwand*, passe au nord de ce lac ; celui qui descend à Obergestelen, passe au sud. Du haut du col, on a une belle vue sur la Furka, sur le Galenstock, sur quelques pics du Saint-Gothard et sur une partie de la chaîne méridionale du Vallais, jusqu'au-delà du Mont-Rose. Mais si l'on prend la peine de gravir la sommité du Siedelhorn, située à l'ouest du col, et qui domine de 2,000 pieds, on jouit d'un panorama bien plus étendu, surtout du côté du Finsteraarhorn et des cimes voisines. C'est une ascension d'environ deux heures, à partir du col, et qui n'est difficile que pour le dernier quart d'heure, parce que le sommet est couvert de gros blocs de granit disjoints, comme le sont plusieurs des cimes des environs.

Glaciers de l'Aar. L'Aar sort de deux puissants glaciers, à l'ouest de l'hospice du Grimsel : le *glacier supérieur (Oberaargletscher)*, et le *glacier inférieur (Unteraargletscher)*. Le premier, séparé du second par le Zinkenstock, est à trois lieues de l'hospice, et descend d'une crête élevée, le col d'*Oberaar*, qui fait le prolongement du Finsteraarhorn. Un sentier praticable pour les chevaux conduit facilement en deux heures au glacier inférieur, que l'on parcourt aussi sans danger. Il forme lui-même le prolongement des glaciers du *Finsteraar* (Aar sombre), et du *Lauteraar* (Aar limpide ou éclairé). A la rencontre des deux glaciers, il s'est formé une énorme moraine de glace et de granit, haute en quelques endroits de 80 à 100 pieds, et qui, par suite de la marche du glacier, se prolonge jusqu'au bas de celui-ci. Les glaciers de l'Aar sont remarquablement propices pour étudier les divers phénomènes de leur formation et de leurs mouvements. Le naturaliste suisse Hugi avait fait construire, en 1827, sur le glacier inférieur, une cabane, qui, en 1840, avait été transportée à 4,600 pieds de ce rocher par la marche constante du glacier. C'est sur ce même glacier que le célèbre Agassiz d'Orbe s'établit, en 1840, avec quelques compagnons, MM. Desor, Nicolet, Vogt, etc., et plus tard M. Dollfuss-Ausset, de Mulhouse. C'est dans une cabane, composée d'un simple mur construit en pierres sèches sous un énorme bloc de schiste micacé qu'ils habitèrent pendant quelques semaines dans les étés de 1840 et 1841. Les observations sur le glacier furent continuées les années suivantes par M. Dollfuss-Ausset. Les glaciers de l'Aar se joignent par leur sommet à ceux du Grindelwald et à ceux qui descendent en Valais, au sud du Finsteraarhorn et de la Jungfrau. On évalue à près de 40 lieues carrées l'étendue de ce vaste désert glacé.

Grindelwald, Faulhorn. Retournons maintenant à Interlaken, et dirigeons-nous vers les vallées de Grindelwald et de Lauterbrunnen. Après avoir traversé des vergers et de fraîches prairies, on pénètre dans une gorge étroite, en remontant le cours du gros torrent de la Lutschine. A une lieue et demie d'Interlaken, la vallée se partage en deux : à droite, s'ouvre la vallée de Lauterbrunnen, qu'arrose la Lutschine blanche ; à gauche, celle de Grindelwald, d'où vient la Lutschine noire. Ces deux torrents se réunissent près du village des Deux Lutschines (Zweilutschinen). Avant d'arriver au village de Grindelwald, on voit la vallée s'élargir considérablement ; le village est composé de jolies maisons de bois éparses ; le climat y est rude, à cause du voisinage des glaciers ; la population en est essentiellement pastorale. Grindelwald doit sa réputation soit à ses montagnes imposantes, soit aux deux glaciers considérables qui descendent jusque dans la vallée et même jusqu'au près des habitations, et sont ainsi d'un accès plus facile qu'aucun autre en Suisse. Trois montagnes gigantesques forment le côté méridional de la vallée : l'Eiger, le Mettenberg, qui est la base du Schrekhorn, et le Wetterhorn. C'est entre ces trois sommets que descendent les deux glaciers, sentinelles avancées de la vaste mer de glace qui couvre les plateaux et les gorges élevées de ces montagnes.

Le glacier supérieur, distant d'une lieue de Grindelwald, est le plus remarquable : la glace en est plus pure que celle du glacier inférieur, et il offre des voûtes plus grandioses. Le glacier inférieur, nommé aussi le *petit glacier*, quoiqu'il soit quatre fois plus grand que l'autre, n'est qu'à une bonne demi-lieue de Grindelwald ; la partie inférieure n'est qu'à 3,200 pieds au-dessus de la mer. On donne le nom de *mer de glace* au grand bassin supérieur où se forme le glacier avant de descendre dans la vallée. On y remarque un grand nombre de pyramides ou d'aiguilles, qui affectent les formes les plus étranges. Cette vaste vallée de glace est entourée des imposants sommets de l'Eiger, du Schreckhorn, du Viescherhorn, etc. En traversant la mer de glace, on arrive à un châlet, situé au pied du Mettenberg. De là, on peut se rendre à l'hospice du Grimsel, en suivant le pied du Schreckhorn et par le col de la Strahleck; il y a environ 10 heures de marche sur la glace et sur la neige.

Au nord de Grindelwald court la petite chaîne du *Faulhorn*, qui le sépare du lac de Brienz. Le Faulhorn, ou *Pic pourri*, est élevé de 8,260 pieds; il a donc 4,900 pieds au-dessus de Grindelwald. Le principal sentier traverse la *Bach-Alp*, au-dessus de laquelle est un petit lac, le *Bach-See*. La vue dont on jouit du sommet est aussi célèbre que celle du Righi. L'horizon s'étend du côté de l'ouest jusqu'aux sommités du Jura; du côté du nord et par-dessus le Brienzergrat, jusqu'au Randen, point culminant du canton de Schaffhouse; du côté de l'est jusqu'aux montagnes des Petits-Cantons, le Pilate, le Righi, le Mythen, etc. Du côté du sud, la vue est moins étendue, mais elle est plus grandiose: elle embrasse la plus grande partie de la chaîne des hautes Alpes bernoises; sur le premier plan, le Wetterhorn, le Schreckhorn, l'Eiger; sur un plan un peu plus reculé, le Finsteraarhorn, le Moine, le

Jungfrau, le Breithorn, la Blümlisalp, etc., et au loin les Diablerets. On aperçoit le lac de Thoune presque en entier, une partie du lac de Brienz, et quelques bandes de celui des Quatre-Cantons et de celui de Zug. C'est une trentaine de pieds au-dessous de la cime, du côté du sud, qu'est placée une auberge, qui a été agrandie en 1852.

On se rend de Grindelwald à Meyringen par le col de la *Grande Scheideck*, que l'on atteint après trois heures de montée douce. Un des ruisseaux que l'on passe est le Bergelbach, qui vient du Schwaarzhorn ou *Pic noir*, voisin du Faulhorn. Le col est une longue arête qui joint le Wetterhorn avec la chaîne du Faulhorn; la vue qu'on y embrasse, sans être étendue, n'est pas cependant sans mérite; on y découvre la jolie vallée de Grindelwald, avec ses fraîches prairies et ses innombrables cabanes ; plus loin, les forêts et les pâturages de la Wengernalp contrastent pittoresquement avec les flancs nus et escarpés du Wetterhorn, qui s'élève à pic au-dessus de la Scheideck.

Wengernalp, Jungfrau. La route de Grindelwald à Lauterbrunnen suit le cours de la Lutschine noire jusqu'à Zweilutschinen, et remonte ensuite celui de la Lutschine blanche. Mais on peut prendre un chemin beaucoup plus intéressant, et franchir le col de la *Wengernalp* ou de la *Petite Scheideck*. Le sentier gravit une pente aisée, couverte de pâturages et de débris de rochers. Le haut du col est à 6,280 pieds. En se retournant, on a la vue de toute la vallée de Grindelwald et des pentes verdoyantes du Faulhorn et de la Grande Scheideck, en face de laquelle on se trouve, à la distance de quatre à cinq lieues.

Quand on a dépassé le sommet, on arrive bientôt aux chalets et à la modeste hôtellerie de l'Alpe de Wengern ; on est ici en face des pentes immenses de la Jungfrau, qui apparaît dans toute sa grandeur. Les sommets et les pentes supérieures, et en particulier les deux *Silberhœrner* ou *Pics d'argent*, sont tapissés de la neige la plus éblouissante. Les flancs escarpés de la base de la Jungfrau sont constamment sillonnés par les avalanches. On les voit et on les entend le plus ordinairement l'après-midi, quand les rayons du soleil ont amolli la neige, et qu'il s'en détache quelques parties, qui entraînent successivement de plus grandes masses. Vers le commencement de l'été, il n'est pas rare de voir tomber en une heure trois ou quatre de ces avalanches ; cela arrive plus rarement par un temps frais et à la fin de l'été. Elles terminent leur chute dans une gorge profonde et inhabitée qui sépare la Wengernalp de la base de la Jungfrau, et où elles se fondent peu à peu. La Jungfrau, longtemps regardée comme inaccessible, a été escaladée pour la première fois, en 1811, par les deux frères Meyer d'Aarau, en 1812, par les mêmes, en 1828 par des guides de Grindelwald, en 1841 par MM. Agassiz, Desor, l'Anglais Forbes, etc., en 1842 par le célèbre géologue Studer de Berne. — **Au nord de la**

Scheideck s'élève la sommité nommée le Lauberhorn, que l'on peut atteindre en deux bonnes heures de la Wengernalp, et d'où l'on embrasse un panorama plus étendu que de celle-ci.

Lauterbrunnen, le Staubbach. En descendant de la Wengernalp à Lauterbrunnen, le voyageur peut contempler à loisir la vue extrêmement pittoresque qu'offrent les glaciers et les montagnes qui dominent le fond de la vallée; à l'ouest de la Jungfrau, s'élèvent le Breithorn, le Tschingelhorn, le Gspaltenhorn, etc.; sur l'autre flanc de la vallée, on apcrçoit le haut de plusieurs cascades qui se précipitent d'un plateau escarpé. La dernière heure de la descente est la partie la plus rapide de tout le trajet de Grindelwald à Lauterbrunnen. On a alors vis-à-vis de soi la grande cascade du Staubbach, distante de quelques minutes de ce dernier village. Cette cascade, la plus remarquable de la vallée, se précipite d'une paroi de rocher, haute de 800 pieds selon les uns, de 925 selon d'autres. Vue de face, la cascade ressemble à une écharpe transparente, d'une blancheur éblouissante, à laquelle le courant d'air imprime un mouvement continuel. C'est surtout le matin qu'on la voit dans toute sa beauté; elle est alors éclairée par les rayons du soleil, qui y forment des iris circulaires. Le clair de Lune y produit aussi des effets de lumière très-singuliers. Le ruisseau fait plusieurs autres chutes pittoresques avant de terminer sa course impétueuse par la grande cascade qui porte son nom.

Quoique beaucoup moins fréquenté par le passage de la Wergernalp, le fond de la vallée de Lauterbrunnen n'en mérite pas moins qu'on lui conserve une journée. Un chemin un peu raide mène sur le plateau élevé où se trouve le village de Mürren, le plus haut du canton (5,150 pieds), au milieu de pâturages, et non loin de la cascade de Mürrenbach. De ce plateau, l'on jouit d'une vue étendue sur les glaciers et les pics qui enferment la vallée. De Mürren, un sentier difficile conduit par le col de la *Furka* (8,038 pieds) dans le Kienthal. Après une nouvelle ascension pénible, on atteint le col du *Dündendrat*, d'où l'on descend dans le gracieux vallon d'OEschinen, puis à Kandersteg. Ces deux cols sont voisins de la magnifique Blümlisalp, et présentent les perspectives les plus grandioses. De Mürren, on peut aussi descendre, à gauche, vers les villages de Gimmelwald et de Trachsellavinen ; de là, l'on monte vers les chalets inférieurs du Steinberg, pour visiter l'imposante cascade du *Schmadribach*, qui jaillit d'un glacier au milieu d'un site extrêmement sauvage. C'est dans le voisinage que se termine l'immense glacier de *Tschingel*, dont une seconde ramification descend à l'ouest dans la vallée Gastern, et une troisième, au nord, sous le nom de *Gamschi*, dans le Kienthal. En revenant à Lauterbrunnen, on voit, à gauche, le *Mürrenbach* ruisseler contre une paroi de rochers, et, à droite, la cascade du *Trümletenbach* jaillir avec impétuosité d'une étroite fissure.

Kanderthal, Gemmi. Au sud du lac de Thoune s'ouvrent deux grandes vallées, celle de la Kander et celle de la Simmen. C'est entre ces deux vallées que s'élève la belle pyramide du Niesen, haute de 7,340 pieds. On y monte en partant du village de Wimmis ou de celui de Müllinen, située à l'entrée de la vallée de la Kander ; ce dernier chemin est le plus commode. La cime est très-étroite et taillée à pic du côté du nord. Un magnifique panorama s'y déroule devant les regards dans toutes les directions : on y voit les Alpes de Lucerne, d'Unterwald, de Berne, de Fribourg et de Vaud ; on y découvre également toute la ligne du Jura, au pied de laquelle on aperçoit la ville de Neuchâtel. L'œil plane sur les lacs de Thoune et de Brienz et sur plusieurs des vallées voisines. La partie inférieure du Kanderthal s'appelle aussi vallée de Frutigen. Le village de Frutigen est le plus riche et le plus beau de l'Oberland ; ses maisons sont couvertes d'ardoises ; il est situé au milieu d'une contrée verdoyante. Ici, la vallée se divise : à droite, s'ouvre l'étroite vallée d'Adelboden, arrosée par l'Engstligen ; c'est un vallon champêtre et retiré, au fond duquel le col marécageux de Hahnenmoos établit une communication avec le Haut-Simmenthal. La vallée de gauche est arrosée par le cours supérieur de la Kander, et elle communique avec le Valais par la Gemmi. C'est un peu après Kandersteg que commence la montée de la Gemmi. La région où passe la route est très-sauvage, surtout près de l'auberge du

Schwaribach, qu'on trouve avant d'arriver au sommet, mais qui est déjà sur le territoire valaisan.

Deux vallons latéraux, qui s'ouvrent sur la gauche, méritent d'être mentionnés et visités : c'est à l'est de Kandersteg que débouche le vallon solitaire d'OEschinen, où l'on trouve, dans une situation très-romantique, un petit lac, dans lequel se reflètent les belles cimes argentées de la Blümlisalp et du Doldenhorn. A une lieue de Kandersteg, on voit déboucher une gorge étroite entre des précipices ; c'est l'entrée de la sauvage vallée de Gastern, qui se termine au bas d'un magnifique glacier descendant du Tschingelhorn et de la Blümlisalp, et d'où sort la source principale de la Kander. Le col du Lœtschberg, haut de 8,253 pieds, conduit dans la vallée de Lœtschen, située en Valais, parallèlement à celle de Louëche ou Leuk.

Simmenthal. Pour se rendre de Thoune dans cette vallée, la plus longue de l'Oberland, on laisse à droite la tour élancée de Stœttlingen, non loin de l'embouchure de la Kander dans le lac.

On longe ensuite la Kander, qui coule dans le canal qu'on creusa, de 1712 à 1714, afin de la diriger vers le lac. On laisse à gauche le grand village de Wimmis et son château, ancienne résidence des familles de Brandis et de Scharnachthal. A quelque distance de Wimmis, on pénètre dans le Simmenthal par un étroit et sauvage défilé, situé entre les bases du Niesen et du Stockhorn. La vallée est, en général, large et fertile ; elle est riche en excellents pâturages alpins, et possède de nombreux troupeaux. Les villages y sont nombreux, bien bâtis, et présentent généralement l'aspect d'une grande aisance. Les principaux sont ceux d'Erlenbach, d'où l'on gravit le plus facilement sur le Stockhorn, haut de 6,770 pieds; Weissenbourg, près duquel s'ouvre la gorge profonde où sont situés les bains de ce nom; Boltigen, d'où l'on peut se rendre directement à Bulle, dans le canton de Fribourg, par des cols faciles; Zweisimmen, au confluent de la grande et de la petite Simme. Au-dessus de ce village, la vallée prend le nom de Haut-Simmenthal, et s'approche de la grande chaîne des Alpes. Le dernier village considérable est celui de *Lenk* ou *an der Lenk*. C'est à deux lieues de Lenk que la Simme a ses sources, appelées les *Siebenbrunnen* (les Sept sources), parce qu'elles jaillissent par plusieurs trous d'une haute paroi de rocher; le précipice est couronné par le glacier de Rætzli, qui forme trois étages et qui descend du Wildstrubel; des masses de glace se détachent fréquemment du bord de l'abîme, et se brisent avec fracas dans leur chute. Non loin de ses sources, la Simme fait trois superbes chutes. Près de Lenk s'ouvre le vallon d'Iffigen; des châlets qui portent ce nom, un sentier très-scabreux, pratiqué sur le flanc de grands précipices, conduit au passage de *Rawyl* (les Ravins), par où l'on se rend à Sion et à Sierre en Valais. Sa hauteur est de 6,970 pieds.

Le Gessenay. Il nous reste à dire quelques mots

des deux belles vallées du pays de Gessenay (*Saanenland*). Gessenay ou *Saanen* est un grand et beau village ; il est séparé de Zweisimmen par la haute colline des *Saanenmoser*, sur laquelle la petite Simme prend sa source. La contrée est verdoyante et de l'aspect le plus agréable. A demi-lieue, à l'ouest, se trouve la frontière vaudoise. En remontant la Sarine (*Saane*), on arrive bientôt à Gestad, où la vallée se bifurque. A gauche est la vallée très-pittoresque et peu fréquentée de Lauenen, qui se termine au glacier du Geltenberg; on y trouve un joli lac et de belles cascades ; à droite, continue la vallée de la Sarine, dont le dernier village est celui de Gsteig ou le Châtelet, entouré d'une contrée sauvage. Un chemin rapide, mais nulle part difficile, conduit au col du Sanetsch, haut de 6,911 pieds. La Sarine prend sa source au glacier de Sanetsch, qui se termine au sommet du col, et descend de l'Oldenhorn ; elle arrose le plateau du Kreuzboden (Sol de la croix), dont les châlets sont occupés par des bergers valaisans. De Gsteig, un sentier commode conduit dans la vallée des Ormonds par une contrée très-pastorale et par le col du Pillon, 5,900 pieds. Le vallon romantique et boisé au fond duquel se trouve le petit lac d'Arnon (*Arnensee*), mérite aussi d'être visité.

Emmenthal, *Berthoud*, etc. La partie du canton de Berne située entre la capitale et la frontière lucernoise est sillonnée d'un grand nombre de vallons frais et verdoyants, où l'on trouve des villages de la plus belle apparence : tel est le vallon de *Worb* et celui de *Summiswald*, etc. Nous devons mentionner surtout la grande vallée de l'*Emmenthal*, renommée pour la beauté de ses troupeaux et de ses pâturages, et qui passe pour une des plus riches et des plus fertiles de la Suisse. Son principal village est celui de Langnau. Entre Eggiwyl et Schangnau, l'Emme disparaît pour quelque temps sous une voûte de rocher. Le village de Lützelfluh a été habité par le pasteur Bitzius, décédé en 1854, et qui est devenu célèbre comme écrivain populaire, sous le pseudonyme de *Jérémie Gotthelf*. Dans la partie nord on voit la petite ville de Burgdorf ou Berthoud, l'un des endroits les plus industrieux du canton. Une partie des maisons sont bordées d'arcades, comme celles de Berne. C'est dans le château de Berthoud que Pestalozzi fonda, en 1798, son célèbre institut, qu'il transporta ensuite à Munchenbuchsee près d'Ofwyl, puis à Yverdon. De l'église du château l'on jouit d'une belle vue sur les hautes Alpes. Un peu au nord de l'Emmenthal, non loin de la frontière d'Argovie et de Lucerne, se trouve le village de Langenthal, un des plus beaux et des plus grands de la Suisse.

Aarberg. A trois ou quatre lieues à l'ouest de Berne, sur la route de cette ville à Bienne et à Neuchâtel, est située la ville d'Aarberg, qui occupe une colline entièrement entourée par les eaux de l'Aar à l'époque des hautes eaux. Au sud d'Aarberg s'étend une grande plaine marécageuse, appelée le marais du *Seeland* (Pays des lacs). Dans ces dernières années, de grands travaux ont été effectués autour d'Aarberg. Une partie du Seeland a été asséchée et assainie ; le niveau des lacs de Bienne, de Morat et de Neuchâtel en a subi une baisse sensible.

XV

Une foule de voyageurs ne connaissent la Suisse Alpestre que par l'Oberland-Bernois. Je crois donc faire plaisir au lecteur et au voyageur, en donnant ici quelques extraits de l'ouvrage de Bœdeker sur la Suisse. Cet ouvrage est surtout un guide : l'on s'en apercevra aisément. Il complète ce que nous avons donné plus haut, d'après MM. Schaul et Gaullieur. Bœdeker a puisé, comme nous, dans ces deux écrivains de la Suisse pittoresque ; nous avons cherché à faire disparaître les répétitions et enrichir nos courses, à travers les Alpes, par les détails que pouvait seul nous donner un guide et un écrivain qui, comme Bœdeker, connaît si bien la matière dont il parle.

OBERLAND BERNOIS

Patience et petite monnaie, voilà des choses indispensables à tout voyageur dans l'Oberland Bernois, surtout à partir de Grindelwald. On fait assaut à la bourse du touriste sous toutes les formes et tous les prétextes. Ici on lui offre des fraises, des fleurs, des cristaux; là on lui montre des chamois et des marmottes; des garçons font la culbute; des goîtreux et des crétins implorent sa pitié; presque chaque cabane détache une bande de petits vauriens qui vous assiègent en se battant. Aux angles du chemin, un virtuose souffle dans un cor des Alpes, ou un quatuor de jeunes filles entonne le ranz-des-vaches; plus loin, ce sont des coups de pistolet tirés en votre honneur pour éveiller l'écho; enfin, à chaque barrière, une douzaine d'enfants se disputent à qui l'ouvrira pour obtenir un pourboire. C'est là une suite inévitable de l'affluence des étrangers, qui a exercé l'influence la plus pernicieuse sur les mœurs du pays.

De Berne à Thoune

Passant d'abord le pont de l'Aar, puis devant le nouveau jardin botanique et le Schænzli, le convoi atteint bientôt le point où l'embranchement de Thoune se détache de la ligne de Berne à Herzogenbuchsee. Superbe coup d'œil à droite sur Berne et les Alpes. Stations: *Ostermundigen, Gümligen, Rubigen* et *Münsingen*. A droite, la chaîne du Stockhorn et le Niesen, les derniers posies avancés des Alpes; à gauche le Mœnch, la Jungfrau et la Blümlisalp.

Wichtrach est la station suivante. Suit *Kiesen*. En deçà de la station d'*Uttigen*, la ligne traverse l'*Aar* sur un pont en treillis. Bientôt après, on entre dans la gare de *Thoune*, située sur la rive gauche de l'Aar, dans le voisinage du pont inférieur. Si l'on va à Interlaken, on continue en chemin de fer jusqu'à *Scherzligen*, station des bateaux à vapeur.

Thoune, ville de 4,623 habitants, située dans une contrée aussi riche que ravissante au bord de l'*Aar*, à 1/4 de lieue de sa sortie du lac de Thoune, ouvre dignement la série des beautés de l'Oberland Bernois. On est frappé de l'originalité des constructions de la rue principale, dont les maisons ont un rez-de-chaussée en saillie, surmonté d'une plateforme formant une seconde rue à une hauteur de 3 à 4 mètres. De cette façon chaque maison a deux étages de boutiques. Thoune est le centre du commerce de l'Oberland.

La vue qu'on a du *cimetière* est très-pittoresque; on domine l'antique ville, les deux bras de la rivière au cours rapide et la plaine fertile qu'elle sillonne; en face, le Niesen, près duquel se montrent à découvert les neiges de la Blümlisalp. — Près du cimetière, la grande tour carrée, flanquée de tourelles, de l'ancien *château de Zœhringen-Kybourg*, dans les murs d'enceinte duquel on en a bâti un nouveau (l'*Amtschloss*). Les descendants des anciens seigneurs de Thoune ont émigré; les comtes autrichiens de ce nom doivent être de cette famille.

Thoune est le siège de l'*école militaire fédérale*, destinée à former des officiers et des sous-officiers, surtout pour l'artillerie et le génie. Chaque année, quelques corps des milices sont appelés à des manœuvres dans la plaine de Thoune.

La plus remarquable des villas des bords du lac est le château gothique de Schadau (appartenant à M. de Rougemont), tant à cause de sa situation au milieu d'un parc, à l'angle formé par la rive gauche de l'Aar et le lac, que par les sculptures dont cet édifice est surchargé de la base jusqu'au faîte. — Plus loin, sur la rive droite du lac, le château de Hünegg, construit dans le style français de la Renaissance.

EXCURSIONS INTÉRESSANTES : *Thierachern* (vue magnifique), 4 l. à l'O.; 1 l. plus loin à l'O. les bains de *Blumenstein* et le *Fallbach*; 2 l. 1/2 plus loin encore, la montagne du *Gurnigel* (1,545 m.) *Burgistein* (820 m.), château et village avec belle vue, à 3 l. N.-O. de Thoune. *Amsoldingen* (tombeaux romains) à 2 l. au S.-O., et la vieille tour de *Strœt-*

tligen à 1 l. 1/4 au S. de Thoune. Cette chaîne de collines, entre la vallée de Stocken et Thoune, offre une série de charmantes promenades et de jolis paysages.

De Thoune à Fribourg, chemin direct qui passe par *Riggisberg* 763 m. offre ensuite une belle vue sur le Stockhorn, le Niesen et les glaciers de l'Oberland Bernois, touche plus loin à *Schwarzenbourg*, après avoir traversé le *Schwarzwasser*, franchit encore la *Singine*, limite des cantons de Berne et de Fribourg, et aboutit à *Fribourg*.

Le Niesen

Trois chemins de mulets, faciles à trouver, conduisent au sommet du Niesen : 1° du nord de *Wimmis* en 5 h. ; 2° de l'est des *bains de Heustrich*, à 15 min. de Mühlenend, en 5 h. ; 3° du sud de *Frutigen*, dans le même espace de temps.

De Thoune à Wimmis, grande route, diligence jusqu'à Brotgœusi, Bateau à vapeur jusqu'à Spiez. De là en 1 h. 1/4, par Spiezwyler à Wimmis.

Wimmis est un joli village, dans une contrée très-fertile, au pied E. de la *Burgfluh* (990 m.); dominé par un château des barons Weissembourg. On dit que l'église a été fondée, en 933, par le roi Rodolphe II de Bourgogne ; mais des documents de 533 en font déjà mention.

A mi-route, près des chalets d'*Unterstalden*, le

chemin passe sur la rive droite du Staldenbach et fait d'innombrables zigzags sur les pentes gazonnées et découvertes du Niesen, en passant près des chalets d'*Oberstalden*. La vue ne s'ouvre que lorsqu'on voit les vastes champs de neige de la Blümlisalp et du Doldenhorn se dérouler au-dessous de l'arête aiguë (Staldenegg) qui unit la *Bettfluh* (2,415 m., appelée aussi *Fromberghorn* ou *Hinter-Niesen*) au Niesen.

Le chemin des bains de Heustrich au Niesen serpente pendant 1 h. à travers de belles forêts de hêtres, dans la direction de l'O.; il se dirige ensuite au S. par des prés jusqu'à la *Schlechtenwaldegg*, où l'on découvre une vue superbe. De là, on va en 2 h. directement à la cime. On trouve d'heure en heure des bancs sur le dossier desquels sont indiquées les hauteurs et les distances. — Ce chemin offre de beaux points de vue et beaucoup de variété.

Le Niesen (2,366 m.), point avancé au N. d'une chaîne partant du Wildstrubel, prophétise, comme le Pilate, le beau et le mauvais temps. Il ressemble à une pyramide aux pentes douces, dont la base est un schiste marneux, au-dessus duquel s'élèvent des agglomérations de grès. Le sommet du Niesen forme une crête très étroite terminée, des deux côtés, par un petit plateau; au-dessous de l'un se trouve l'auberge; l'autre est un peu plus élevé, et on y jouit de la vue la plus étendue. La vue sur les **Hautes-Alpes** est bien plus grandiose que celle du

Rigi ; elle peut se comparer à celle du Faulhorn. De ce dernier, ce sont les Wetterhærner, etc. qui forment le premier plan ; du Niesen, ce sont les larges glaciers de la Blümlisalp ; on les voit dans toute leur étendue au bout du Kienthal.

De Thoune à Interlaken

Le lac de Thoune est long de 3 l. 1/2, et large de 1 lieue, sa plus grande profondeur est de 216 m. Près de Thoune, ses rives sont d'abord couvertes de jolies villas et de jardins ; plus loin, la rive N. devient escarpée.

Le bateau à vapeur part de l'hôtel Frœienhof, remonte l'*Aar*, mais aborde encore une fois au-dessus de la ville près de l'hôtel Bellevue et puis à la station de *Scherzligen*, pour faciliter l'embarquement des voyageurs venant en chemin de fer de Berne. A droite, le *château de Schadau*, situé à l'endroit où la rivière débouche du lac. Le bateau entre dans ce dernier. Le *Stockhorn* (2,193 m.), avec sa cime conique, et la pyramide du *Niesen* (2,366 m.) s'élèvent à droite et à gauche de l'entrée des vallées de la Kander et de la Simme. A gauche du Niesen, les trois pics de la Blümlisalp ; à droite de celle-ci, au fond de la vallée de la Kander, on voit apparaître l'un après l'autre le Freundhorn, le Doldenhorn, le Balmhorn, l'Altels, et le Rinderhorn. Du côté d'Interlaken se montrent peu à peu la Jungfrau, le Mœnch, l'Eiger, le Schreckhorn, et le Wetterhorn.

Le bateau longe la rive N.-E., couverte en bas de vignes et plus haut de forêts, et passe devant le riant village de *Hilterfingen;* à gauche le château de *Hünegg.* On aborde à Oberhofen, où se trouve un château excessivement pittoresque, nouvellement restauré, appartenant à M. de Pourtalès, puis à Gunten au-dessus, duquel on voit briller l'église de *Sigriswyl.* Puis le bateau traverse le lac dans toute sa largeur et se dirige au S. sur Spiez, petit village au bord d'une vallée marécageuse, avec un vieux château pittoresque, situé sur une langue de terre, appartenant depuis 300 ans aux seigneurs d'Erlach. Près de Spiez, on découvre pendant quelques instants, à l'E., deux sombres pics : le plus étroit, à droite, est le Faulhorn, le plus large, à gauche, le Schwarzhorn.

En se rapprochant de Dærligen, on voit surtout sur la rive N. les *Ralligstœcke* (1,494 m.) et le *Rothhorn de Sigriswyl* (2,053 m.) : sur le bord du lac, le château de *Ralligen,* construction en forme de tour. Au delà de *Merligen,* un promontoire rocheux, la *Nase* (Nez), s'avance au loin dans le lac (rive N.). Un peu plus loin se trouve, dans le Beatemberg, montagne qui s'élève au N. du lac, la *grotte de Saint-Béat* (848 m.), d'où s'écoule un ruisseau sujet à des crues subites.

Viennent ensuite, sur la rive méridionale, *Krattigen* et *Leissigen* (Steinbock), au pied du Morgenberghorn, dans un site gracieux, au milieu de vergers. Le bateau aborde à Dærligen (*Hirsch*). En face, sur la rive septentrionale, *Neuhaus*, où l'on débarquait autrefois. Le chemin de fer longe d'abord de près le lac, puis traverse un petit tunnel: à gauche, à l'embouchure de l'Aar dans le lac, les ruines de *Weissenau*; plus loin, à droite, on a un beau coup d'œil sur le Mœnch, l'Eiger et la Jungfrau.

Interlaken et ses environs

Le pays plat qui sépare les lacs de Thoune et de Brienz sur une étendue de 3/4 de lieue s'appelle le *Bœdeli*. On prétend que jadis ces deux lacs n'en formaient qu'un seul; les atterrissements provenant de la *Lütschine* et du *Lombach*, deux ruisseaux dont le premier se jette dans le lac de Brienz, le second dans celui de Thoune, ont peu à peu formé cet isthme. Ces alluvions, venues d'abord du S., par la vallée de Lauterbrunnen, puis du N. par celle de Habkern, expliquent la courbe que l'*Aar* est forcé de faire en cet endroit. C'est sur cette plaine, entre les lacs, qu'est situé Interlaken (568 m.), avec le village d'*Aarmühle* et la petite ville d'*Unterseen*, trois localités qui n'en forment actuellement plus qu'une seule, s'étendant presque jusqu'aux bords du lac de Brienz.

Le rendez-vous des étrangers est le *Hœhweg*, double allée de magnifiques noyers, qui s'étend du village d'Aarmühle au pont supérieur de l'Aar, et où se trouvent les grands hôtels nommés ci-dessus, ainsi que de beaux magasins. De la partie du milieu, ouverte au S., vue splendide sur la vallée de Lauterbrunnen, la Jungfrau, etc. Au N., avec entrée entre le Schweizerhof et le Belvédère, le *Cursaal*, construit dans le style des chalets de l'Oberland. Plus loin, au côté S., au milieu de beaux noyers, s'élève l'ancien *couvent* des moines et des religieuses. L'aile orientale du corps de bâtiment qu'habitaient les moines a été convertie en hôpital en 1836. Le reste de l'édifice, ainsi que le château, est occupé par les autorités. Le couvent des religieuses sert actuellement de prison.

A l'extrémité supérieure du Hœheweg, la route de Brienz passe l'Aar à gauche, sur un beau pont neuf. Quelques pas plus loin, sur la rive gauche, derrière l'hôtel du Lac, est la station des bateaux à vapeur du lac de Brienz.

Le village d'*Aarmühle*, qui forme avec le Hœheweg l'Interlaken proprement dit, est traversé par la Grande Rue (Hauptstrasse), rue animée qui est la continuation du Hœheweg à l'O. A droite, deux ponts par lesquels on va dans l'île de *Spielmatten* et, sur la rive droite de l'Aar, à Unterseen, petite ville de 1,880 hab., avec des maisons en bois dont plusieurs sont brunies par l'âge ; une grande place carrée et une nouvelle église construite en 1851, après que l'ancienne se fut écroulée.

Interlaken est devenu depuis quelque temps un

lieu fréquenté, surtout par la douceur et la régularité de sa température. On y vient pour faire une cure de petit-lait, ou bien pour attendre le temps le plus favorable aux excursions dans l'Oberland, ou encore simplement pour jouir d'une retraite paisible au milieu d'un paysage des plus sublimes. Interlaken est surtout un excellent point de départ pour les voyageurs qui, sans avoir trop besoin d'économiser leur argent et leur temps, veulent faire des excursions dans les vallées et sur les montagnes de l'Oberland Bernois, et se reposer après chaque tournée pendant quelques jours.

Interlaken offre de charmantes promenades, dans les environs immédiats.

Au petit Rugen, à 3/4 de l., le large chemin, garni de bancs, monte doucement en offrant les points de vue les plus variés sur le Bœdeli et les lacs de Thoune et de Brienz, et conduit à la *Trink-halle*, d'où l'on a une vue superbe sur la Jungfrau, le Mœnch, et la vallée de Lauterbrunnen. Le chemin continue à faire le tour de la montagne jusqu'au rond-point. Une foule de sentiers s'en détachent et conduisent à des points de vue et à des bancs plus cachés, ainsi qu'au sommet de la montagne (739 m.), d'où l'on jouit d'une belle vue.

Aux ruines du castel d'Unspunnen, vue sur la vallée de Lauterbrunnen, la Jungfrau, le Mœnch.

A l'Heimweh-Fluh, se détache, à droite, un petit sentier, qui mène vers un joli point de vue. De la terrasse qui le précède, vue superbe sur le Bœdeli, les lacs de Thoune et de Brienz, la Jungfrau, le Mœnch et l'Eiger.

Aux ruines du château de Weissenau, sur une île de l'Aar, à son embouchure dans le lac de Thoun.

Au Hohbühl, de l'autre côté, rive droite de l'Aar. Au-delà du pont neuf de l'Aar, monter immédiatement à gauche, puis par la forêt jusqu'à un pavillon ; de là, vue sur Bœdeli, les lacs et les Alpes ; la vue est encore bien plus dégagée quelques cents pas plus haut, sur les pentes couvertes de gazon du *Bleicki inférieur*. Du Hohbühl, on peut descendre à la Vogtsruhe, et l'on arrive à la *Goldei*, entre le Harder et l'Aar, au pied de la *Falkenfluh*. Plus loin, on voit dans les flancs du Harder quelques grottes nommées *Zwerglocher* (trous des Nains).

Au Thurmberg de Goldswyl, sur la nouvelle route de Brienz, beau panorama des lacs de Thoune et de Brienz, du cours de l'Aar et du petit lac sombre de Goldswyl ou *Faulensee*..

A Ringgenberg, au bord de la même route, où il y a une place charmante près de l'église bâtie dans les ruines du château : vue sur le lac de Brienz ; plus belle encore 1/2 l. plus loin, de la *Schadbourg*, manoir inachevé des anciens seigneurs de Riggenberg, sur une croupe du Harder.

Excursions plus considérables : à la *schynige Platte* (*plateau luisant*, 2,070 m.), un des plus beaux points de vue de tout l'Oberland. Il n'existe peut-être point d'autre sommité d'où le regard plonge aussi bien en même temps dans les deux vallées de Lauterbrunnen et de Grindelwald. Après avoir traversé le pont près de l'église, on suit le chemin carrossable qui vous conduit à *Gsteigwyler*. Au milieu de la localité, on prend à gauche, et, après une centaine de pas, encore une fois à gauche, puis on entre dans la forêt. Après 1 h. 1/2 de marche, on atteint la terrasse inférieure de la *Breitlauenen-Alp*, et après une autre demi-heure le nouveau chalet « zur Schœneck »; enfin on monte par des courbes rapides jusqu'au sommet de l'arête que l'on traverse à son extrémité occidentale. Ici s'ouvre tout à coup comme un autre monde : on voit se dérouler la vallée de Lauterbrunnen; à gauche, la Jungfrau se dressant majestueusement jusqu'aux nues; aux pieds du spectateur, l'œil plonge dans des gorges d'une profondeur vertigineuse, taillées à pic jusqu'au niveau de la Lütschine. A partir de ce point, on suit pendant 1/2 h. le versant S. de l'arête de la montagne jusqu'à l'*hôtel Alpenrose*. La Platte, plateau de schiste décomposé, brillant au loin comme du métal, se trouve environ à 60 pas environ de l'hôtel. Le plus beau point de vue est un peu avant d'arriver au plateau, à l'endroit où le chemin tourne. Pour jouir d'un panorama complet, il faut tourner à gauche le *Gumihorn* (2,284 m.), au N.-O. du plateau, et monter au sommet du *Tubihorn* (2,064 m.), d'où l'on a surtout une belle vue des deux lacs. La hauteur au-dessus de la Schynige Platte (1/2 l.) est également un bon point de vue, moins beau cependant que le plateau lui-même. On redescend du plateau par *Gündlischwand* et *Zweilütschinen.*

Au *Harder*, il faut un guide, plusieurs accidents ayant prouvé que les pentes escarpées couvertes de gazon de cette montagne, ainsi que ses passages rocheux ne sont pas sans dangers.

A la *vallée de Habkern*, entre le *Harder* et le *Beatenberg*, bonne route jusqu'au village de *Habkern*. De là on peut atteindre trois célèbres points de vue : 1° le *Gemmenalphorn* ou *Güggisgrat* (2,064 m.); 2° le *Hohgant* (2,199 m.), par la *Bohlegg* (1,799 m.), et l'*Hagletschalp;* 3° l'*Augstmatthorn* (*Suggithurm*, 2,086 m.) par la *Bodmialp*, et de là au sommet.

A l'*Abendberg*, à 2 h. d'Interlaken, chemin de mulets, beau coup d'œil. Le panorama est encore plus étendu du *Rothen Eck*, seconde cime de l'arête dont le point culminant est le *Morgenberghorn* (2,251 m.), au-dessus de Leissigen.

Dans la *vallée de Saxeten*, entre l'*Abendberg* et le *Bellenhœst* (2,094 m.). Le village de *Saxeten* (1,098 m.); et plus loin, les cascades du *Gurbenbach* et du *Weissbach*. — De Saxeten, on peut gravir la *Suleck* (2,412 m.), d'où l'on jouit d'une des plus belles vues sur la chaîne des Alpes.

Les excursions décrites ci-après peuvent aussi, en grande partie, se faire avec Interlaken pour point de départ.

D'Interlaken à Lauterbrunnen

La grande route traverse d'abord des vergers très fertiles et de vertes prairies, et passe par *Matten;* là le chemin se bifurque; à droite, le plus court menant à *Wildersswyl*, à *Mülinen;* à gauche, le plus long conduisant à l'église de *Gsteig*. Les deux chemins se réunissent près de *Mülinen*, et la route traverse le *Saxetenbach*, pour entrer bientôt après dans une gorge étroite, traversée par la *Lütschine*. A droite, s'élève à pic la *Rothenfluh*. Un endroit de cette gorge s'appelle le *Bæsenstein* (pierre du Méchant). Selon la tradition, un seigneur de Rothenfluh y aurait tué son frère.

Zweilütschinen, village sur la rive droite de la Lütschine. La vallée se bifurque près du village. A gauche, la vallée de la *Lütschine noire*, remontant jusqu'à Grindelwald, et au fond de laquelle se dresse le Wetterhorn; en face, celle de la *Lütschine blanche* qui aboutit à Lauterbrunnen. La vallée de Lauterbrunnen, qui commence à la *Hunnenfluh*, rocher en forme de tour gigantesque, aux parois calcaires, s'élevant à pic à une hauteur de 300 à 500 m., tire son nom (*lauter*, pure ou purement, et *brunnen*, fontaines) des nombreux ruisseaux qui coulent le long des rochers, ou de la quantité de sources claires qu'on y voit jaillir en été.

Excursion de Zweilütschinen à Eisenfluh, sans

guide, par le premier chemin à droite de la route de Lauterbrunnen, en montant rapidement la paroi O. de la montagne, à l'ombre, à partir de 3 h. de l'après-midi. D'Eisenfluh, superbe coup d'œil sur la Jungfrau. Cette vue s'embellit encore sur le chemin d'Eisenfluh à Mürren : prendre à gauche, jusqu'au *Sausbach*. On continue ensuite sans grande difficulté ; c'est une promenade superbe, continuellement en vue de la Jungfrau et des sommets voisins, surtout près de la sortie de la forêt ; en cet endroit la masse du Schwarze Mœnch n'intercepte pas encore la vue de la Jungfrau comme à Mürren. — Les bons marcheurs iront l'après-midi à *Mürren*, feront le lendemain l'ascension du *Schilthorn*, reviendront coucher à Mürren, visiteront le troisième jour la chute du *Schmadribach* pour arriver, le soir, à Lauterbrunnen.

Lauterbrunnen (797 m.), joli village aux maisons éparses, des deux côtés de la Lütschine, dans une vallée formée de rochers calcaires. En juillet, le soleil n'y paraît pas avant 7 heures, et en hiver pas avant midi. La masse blanche au S.-E. est la Jungfrau ; celle au S., le Breithorn. — Beaux objets en bois sculpté.

Environ vingt petits ruisseaux se précipitent dans le voisinage du haut des rochers. Le plus remarquable forme la chute du *Staubbach*. Cette masse d'eau, relativement petite et s'amoindrissant dans les étés chauds jusqu'à produire un désappointement, tombe d'une hauteur de 300 m.

Vallée supérieure de Lauterbrunnen

Il est difficile de mieux employer une journée qu'à faire une excursion à Mürren et aux cascades du Schmadribach. Si l'on n'a en vue que Mürren, qui est l'essentiel, on peut faire commodément sans guide, en 6 heures, le trajet depuis Lauterbrunnen, et revenir par Stechelberg. Jusqu'à Mürren et même jusqu'à Gimmelwal et Stechelberg, il y a un sentier de mulets, pénible en quelques endroits.

La vue de Mürren étant surtout belle le soir, il vaut mieux faire cette excursion en sens inverse : d'abord au Schmadribach, et en dernier lieu à Mürren où on passe la nuit. Entre Gimmelwald et Trachsellauinem, il y a un sentier plus court que le chemin par Stechelberg. Tout le chemin de Lauterbrunnen à Mürren peut se faire à cheval.

A Lauterbrunnen (791 m.), le chemin quitte la vallée et monte rapidement à droite le long du ruisseau. Après avoir traversé deux autres ruisseaux, on franchit le *Staubbach*, qui est presque à sec. Bientôt après, la pente jusqu'alors raide s'adoucit ; on passe deux bras du *Spiessbach* et l'on sort de la forêt à une lieue du Staubbach. Là se déploie subitement une vue magnifique sur un grandiose hémicycle de montagnes et de glaciers, du S.-E. au S.; l'Eiger et le Monch, la Jungfrau, avec son éblouissant Silberhorn, les hautes parois de

Schwarze Mœnch, s'abaissant à pic dans la vallée, les parois de l'Ebene-Fluh, sa pointe conique à gauche et son manteau de neige, le Mittagshorn, le Breithorn d'où sort le Schmadribach, le Tschingelhorn, et plus près, le Tschingelgrat et le Gspaltenhorn; huit à dix glaciers descendent de ces cimes blanches dans la vallée.

Dès lors on suit un chemin nouvellement tracé à travers des pâturages jusqu'au village alpestre de *Mürren*, qu'on atteint 25 min. après être sorti de la forêt. D'ici on voit encore, à gauche, le Wetterhorn, et, à droite, la Furke. L'*Allmendhubel*, à une lieue au-dessus de Mürren, offre seul un panorama complet, même en aval.

Du haut du *Schilthorn* (2,971 m.), qui s'élève à l'ouest de Mürren, et sur lequel on parvient à travers des champs de neige et des rochers décomposés, la Jungfrau se présente dans toute sa magnificence et domine toutes les cimes voisines; on a en même temps un magnifique coup d'œil sur toute la chaîne jusqu'à la Blümlisalp, sur l'Altels, beaucoup de cimes du Valais, le Weisshorn, la Mer de Glace, près de Chamouny, le Rigi, le Pilate, le nord de la Suisse, etc.

A Mürren, le sentier descend à gauche; le passage est escarpé, pénible en temps de pluie. La Sefinlütschine tombe ici en formant une belle cascade, dont les vapeurs se remplissent le matin d'arcs-en-ciel.

Quelques minutes plus loin, le chemin se bifurque. A partir de la bifurcation, on atteint en une heure les chalets de Trachsellauinen. Ici finit le chemin tracé; on passe, en suivant continuellement la rive droite, sur des ponts traversant les eaux impétueuses du *Schmadribach* et du *Talbach*, qui sortent des glaciers; puis on remonte la prairie, on grimpe le long des roches de la *Holdri*, on arrive au *chalet de Leger*, et l'on est en vue de la *chute du Smadribach*. L'eau s'échappe immédiatement du glacier en masse considérable, se précipite à 65 m. de profondeur, et, se convertissant en poussière, remonte en formant un arc imposant. Plus haut, un pont traverse l'eau du glacier; il faut le franchir pour voir de plus près la chute. La solitude du voisinage, l'imposante et magnifique cascade, le sauvage et grandiose panorama de montagnes et de glaciers, produisent un effet saisissant. Les glaces azurées du glacier de *Tschingel* s'élèvent à pic dans un voisinage immédiat; plus haut, les *Tschingelhœrner* se présentent sous les formes les plus étranges. La vue est encore beaucoup plus étendue du chalet du *Steinberg supérieur*, qu'on voit à droite, dominant le pâturage.

Pour le retour de Trachsellauinen à Lauterbrunnen, on a besoin de 2 h. 1/2. Au bout de 25 min., on arrive à un pont sur la *Lütschine*, qui coule ici avec fracas dans un lit rocheux; plus loin, on est au *pont de Stechelberg*, et l'on atteint le fond de la vallée. Près de *Matten*, on voit, à gauche, le *Mürrenbach* ruisseler le long de la paroi de rochers. A partir du *pont (Dornigenbrücke)*, une route pierreuse conduit à Lauterbrunnen, à 10 min., cascade du *Rosenbach*, jaillissant d'un trou dans le roc, et tarissant en hiver; sur le côté, cascade du Trümlenbac, décharge des glaciers de la Jungfrau, qui sort avec impétuosité d'une étroite fissure, et se jette dans la vallée en formant une chute peu élevée, mais abondante. Pour en jouir pleinement, il faut aller sur le pont auquel conduit un sentier de la rive droite.

De Lauterbrunnen par la Sefinenfurke au Kienthal, jusqu'à Reichenbach, une marche forcée de 15 à 16 lieues, surtout pénible à partir de la vallée par le Dündengrat à Kandersteg, praticable seulement pour les voyageurs habitués aux montagnes. On peut, au besoin, passer la nuit dans les chalets du Kienthal. Toute la route offre une série de paysages grandioses, surtout au commencement. La Furke (2,611 m.) est une profonde entaille entre le *Grand-Hundshorn* et le *Büttlassen*. En descendant, prendre à droite, d'où l'on a un beau coup d'œil sur la Weisse Frau ou la Blümlisalp, passer par les chalets du *Dürrenberg* et de la *Steinen-Alp* pour arriver dans le *Kienthal* et à la grande *Tschingel-Alp*, d'où un petit chemin conduit à Kienthal et à *Reichenbach*. Au sommet du Dündengrat (*Œschinengrat*, 2,705 m.), vue superbe sur la *Blümlisalp* (3,670 m.), avec ses formes arrondies du blanc le plus pur, et son imposant glacier; on descend, à droite du versant, par un sentier difficile, aux chalets de l'*Alpe d'Œschinen* (1,957 m.), puis, par un sentier en escalier, au *lac d'Œchinen* (1,588 m.), et à *Kandersteg* (1,170 m.).

De Lauterbrunnen à Grindelwald

Deux chemins conduisent à Grindelwald : une *route de voitures* qui descend le long de la vallée de la Lütschine Blanche jusqu'à Zweilütschinen, et remonte ensuite la vallée de la Lütschine Noire. Le piéton prend, si le temps le permet, le *sentier* par la *Wengernalp* et la *Petite Scheideck*. Le chemin est d'abord un peu pénible pour des marcheurs peu exercés, mais c'est un des plus beaux et des plus fréquentés de la Suisse ; on y rencontre presque toujours de la compagnie.

Près de l'église de Lauterbrunnem, on passe la *Lütschine* sur un pont, et on prend le premier sentier large qui monte à droite. Après une bonne heure de montée assez rapide, on parvient à quelques maisons appartenant au village de *Wengen*, belle vue sur le Gspalthorn, le Tschingelhorn, le le Breithorn, le Swarze Mœnch, la Jungfrau, le glacier et la chute du Schamadribach, de même que sur la vallée de Lauterbrunnen. A partir de là, le chemin est plus uni, on suit la pente douce d'une prairie, c'est la *Wengernalp*. La vallée de Lauterbrunnen paraît profondément encaissée, le

Staubbach ressemble à un fil d'argent; on aperçoit la chute supérieure de ce ruisseau et les détours qu'il fait avant de former sa dernière chute.

A une lieue au-delà, le chemin entre dans une forêt de sapins, et en sort par une barrière. Là, on quitte le large chemin, on monte à gauche, on traverse par moments la forêt, et l'on arrive à l'*hôtel de la Jungfrau*, sur la Wengernalp. Les voyageurs qui viennent de Lauterbrunnen et ceux de Grindelwald se rencontrent ici ou à la Scheideck, et y font d'ordinaire une halte entre dix heures et midi. C'est alors une telle confusion de touristes de toute langue, de guides, de chevaux, que l'hôte de la Jungfrau et les serviteurs de l'hôte de la Scheideck ont peine à satisfaire tout le monde. Du *Gemshügel*, jolie vue sur la vallée de Lauterbrunnen.

La *Jungfrau, la Vierge* (4,167 m.), cachée sous son voile éternel de neiges, apparaît ici dans toute son éclatante blancheur et sa majesté sans pareille. Ses deux pics, le *Silberhorn* (corne d'argent, 3,690 m.), à droite, le *Schneehorn* (corne de neige, 3,415 m.), à gauche, dominent ses immenses champs de neige. Les proportions en sont tellement gigantesques, que le spectateur se fait illusion et la croit à une portée de fusil. Les sommets et les versants supérieurs sont tapissés d'un névé éblouissant de blancheur; sur les versants inférieurs qui ne sont pas trop abrupts, on voit des neiges et des glaciers. La base de la montagne, autant qu'on peut la voir, est coupée à pic.

Avalanches. On les voit et on les entend le plus ordinairement après midi, quand les rayons du soleil ont amolli la neige, et qu'il s'en détache quelques parties qui entraînent successivement de plus grandes masses. L'attention est d'abord éveillée par un bruit lointain, qui ressemble assez à celui du tonnerre; après une demi-minute, on voit une poussière de neige descendre, comme une cascade, le long d'une gorge du versant supérieur de la montagne; puis elle disparaît dans une crevasse, pour se montrer de la même manière à quelques centaines de pieds plus bas. A part le craquement qui interrompt le silence solennel des Hautes-Alpes, ces avalanches d'été, bien différentes des énormes avalanches du printemps n'ont rien de grandiose, et elles font éprouver quelque déception au voyageur, qui a souvent entendu parler des désastres produits par ce phénomène naturel, et qui ne peut même comprendre que le bruit qu'il entend soit produit par une si petite cause. Mais il faut songer que ces masses de neige et de glace, qui paraissent si faibles, pèsent souvent plusieurs centaines de quintaux, et qu'elles seraient de force à renverser des maisons, s'il s'en trouvait sur leur passage.

Vers le commencement de l'été, il n'est pas rare de voir tomber, en une heure, trois ou quatre de ces petites avalanches; cela arrive plus rarement par un temps frais, et plus rarement encore en automne. Elles aboutissent à la vallée de *Trümleten*, gorge profonde et inhabitée, qui sépare la Wengernalp de la Jungfrau, et elles se fondent, en partie, durant l'été, pour aller grossir la Lütschine près de Lauterbrunnen.

Après avoir quitté l'hôtel Jungfrau, on gravit une pente douce et l'on atteint le sommet du passage, la *Petite Scheideck* (2,069 m.). Vue saisissante du haut de cette arête fortement découpée des deux côtés, sur toute la vallée de Grindelwald jusqu'à la Grande Scheideck ; tout à fait à gauche, le cône tronqué du Faulhorn avec son auberge ; au S., les géants de l'Oberland : le *Mœnch* (4,114 m.), l'*Eiger* (3,975 m.), et, plus loin, le *Schreckhorn* (4,080 m.). Le *Finsteraahorn* (4,275 mètres), la plus haute montagne des Alpes bernoises, n'est pas visible. A l'horizon le plus reculé, à l'E., on voit s'élever les *Sustenhœrner*. Les glaciers qui entourent toutes ces montagnes et en remplissent les cavités, occupent un espace de 40 lieues carrées, soit la sixième partie de tous les glaciers des Alpes, et forment la plus grande chaîne ininterrompue de glaciers qui existe dans ces montagnes.

Grindelwald (1,057 m.) — Grindelwald est un excellent point de départ pour de petites et de grandes excursions dans les montagnes. Le village, composé de maisons de bois dispersées çà et là, s'étend bien au-delà de la vallée. Le climat y est rude ; néanmoins, les cerises et d'autres fruits y prospèrent, et l'on y fabrique d'excellent kirsch. Les habitants en sont pour la plupart des pâtres ;

6,000 têtes de gros bétail paissent dans les pâturages de cette vallée.

Grindelwald doit sa réputation surtout à ses deux *glaciers*, qui sont loin toutefois d'égaler en beauté grandiose le glacier du Rhône et plusieurs autres glaciers de la Suisse, d'autant plus que, durant ces dernières années, ils ont opéré un mouvement sensible de recul. Trois montagnes gigantesques ferment le côté S.-E. de la vallée ; l'*Eiger* (3,975 m.), le *Mettenberg*, qui est la base du Schreckhorn, et le *Wetterhorn* (3,708 m.), à l'extrémité supérieure de la vallée. C'est entre ces montagnes que s'étendent les deux glaciers, dont les eaux forment la *Lütschine Noire*. Le voyageur pressé choisira pour sa visite le glacier supérieur, dont les crevasses sont plus belles, et qui est aussi plus près du chemin de Meiringen.

Le *glacier supérieur* (1,174 m. à l'extrémité inférieure), à une lieue au S.-E. de Grindelwald, est le plus remarquable ; la glace en est plus pure que celle du glacier inférieur, comme on peut s'en convaincre en entrant dans une des galeries qu'on y a taillées, et les voûtes plus grandioses dans le bas, surtout du côté E. — Un chemin conduit directement de Grindelwald au glacier supérieur ; il n'offre pas de danger et il est fort intéressant. On descend près de l'hôtel de l'Aigle (Adler), on traverse la Lütschine, on monte à l'E., on franchit la *Sulz*, et l'on gravit enfin, par des échelles fixes qui la rendent bien accessible une paroi de rocher entre le *Hals* et le bord N.-E. du Mettenberg. On arrive sur le glacier, à une hauteur de 1,585 m., vis-à-vis du *Schlupf*. Il est facile de traverser le glacier en cet endroit.

Le *glacier inférieur* (1,011 m. à l'extrémité inférieure), à 40 m. au S. de Grindelwald, quoique nommé aussi le *petit glacier*, est quatre fois plus grand que le supérieur. Sa partie haute s'appelle *glacier de Viesch*. Il est entouré de moraines, de sorte qu'il y a peu de chose à voir pour le simple curieux. En revanche, on fait bien d'aller voir la *Mer de glace*, nom donné par analogie avec celui de Chamouny, au grand bassin supérieur dans lequel le glacier se forme avant de descendre dans la vallée. On atteint, en deux heures, le chalet de la *Bæregg*, d'où un escalier de bois descend au glacier. On remarquera les curieux minarets ou *aiguilles de glace*, que forme la fonte des glaces.

Le touriste qui ne redoutera pas une excursion sur les *glaciers*, ne se contentera pas d'un simple coup d'œil; il traversera la mer de glace, et cherchera à gagner le chalet du *Zæsenberg*. Ce chalet, entouré de maigres pâturages, et construit de pierres amoncelées, est l'habitation humaine qui pénètre le plus loin dans le domaine des géants bernois. La verdure finit par disparaître entièrement; on est entouré des masses de glace les plus sauvages et les plus grandioses, et l'on ne voit que les imposants sommets de l'Eiger, du Schreckhorn, du Viescherhorn, etc, qui forment un panorama aussi remarquable que celui du Montanvert, dans la vallée de Chamouny. Un guide y est nécessaire, bien que le glacier ne soit dangereux qu'à ses deux extrémités ; le centre n'offre pas de difficultés notables. Le retour, à Grindelwald, se fait en 3 heures.

L'ascension du *Mettenberg* (3,108 m.) demande un pied exercé et une tête sûre. Six heures de montée pénible. La vue du Schreckhorn, qui en est tout proche et du Finsteraarhorn y est surtout imposante, et on a aussi un coup d'œil surprenant sur la mer de glace et la vallée de Grindelwald.

Le *Maennlichenn* (2,345 m.), ramification septentrionale de la Wengernalp. Passé la Lütschine, on quitte, à droite, le chemin de la Scheideck et on monte peu à peu à travers l'alpe d'*Itramen*. La montagne offre un excellent panorama à cause de son isolement.

Chemin intéressant et grandiose à l'*hospice du Grimsel*, mais, par un passage difficile. On descend par les glaces de Strahlegg, de Finsteraar et d'Unteraar.

Le Faulhorn

Le *Faulhorn* (2,683 m.), entre le lac de Brienz et la vallée de Grindelwald, se compose de schiste calcaire noir, friable et comme décomposé (*faul*, pourri, d'où Faulhorn). Le grand avantage du Faulhorn est d'offrir une vue immédiate des géants de l'Oberland Bernois. Au N., le lac de Brienz, avec les montagnes qui le bordent depuis l'Augstmatthorn jusqu'au Rothhorn, s'étend immédiatement aux pieds du spectateur; une partie du lac de Thoune, le Niesen et le Stockhorn sont visibles; plus loin, des parties des lacs des Quatre-Cantons et de Zug, avec le Pilate et le Rigi; les lacs de Morat et de Neuchâtel s'aperçoivent aussi. En revanche, on n'a pas, comme au Rigi, toute la chaîne des collines basses du nord de la Suisse, qui donne tant de grâce et d'attrait à cette dernière vue.

Le chemin du Faulhorn à la Scheideck quitte celui de Grindelwald et prend à gauche près de la hutte du lac de *Bachalp*; il longe l'alpe pierreuse sur le penchant du *Ritzligrœtli*, où parfois l'on entend siffler les marmottes. En continuant, à gauche, on rencontre une arête offrant une magnifique vue : Wetterhorn, Schreckhorn, Finsteraarhorn, Viescherhœrner avec leurs glaciers, Eiger et la vallée de Grindelwald. Le chemin cesse à plusieurs endroits d'être tracé, mais on le reconnaît bientôt; on se dirige toujours sur le Wetterhorn.

D'Interlaken au Faulhorn. D'Interlaken à la Schynige Platte, 4 h. de marche; à partir de là, on suit le nouveau chemin de mulets qui passe par *l'alpe Iselten*, puis le long de la pente S. du *Laucherhorn* jusqu'à l'arête qui s'élève au S. de la vallée de *Sægisthal;* belle vue sur l'Oberland Bernois. Ensuite, on descend jusqu'au *lac de Sægisthal;*

on contourne les rives N. et E. du lac et on monte la pente chauve du *Schwabhorn* pour atteindre l'arête qui le réunit au *Faulhorn*. — Le chemin pour descendre du Faulhorn à la Schynige Platte est facile à trouver même sans guide.

De Grindelwald à Meiringen

Montée modérée, à travers de beaux pâturages, le long du *glacier supérieur*. On a devant soi le superbe *Wetterhorn* (3,708 m.), que les habitants du pays appellent aussi *Hasli-Jungfrau*.

Au printemps, quatre grandes traînées d'avalanches descendent du haut du Wetterhorn, jusqu'au bord du chemin, où la neige reste souvent entassée pendant tout l'été. Un pâtre, placé sur le versant opposé de la montagne, joue ordinairement du cor des Alpes lorsque des étrangers viennent à passer; les accents champêtres de cet instrument se répercutent après quelques instants sur les parois du roc du Wetterhorn, et reviennent frapper l'oreille du passant, distincts et précis.

On a une vue surprenante du haut de cet arête de montagne, nommée la *Grande Scheideck*, large de quelques pas seulement, et longue d'une lieue. La jolie vallée de Grindelwald avec ses fraîches prairies, ses innombrables cabanes et ses meules de foin, et, au S.-O., les forêts et les pâturages de la Wengernalp, contrastent pittoresquement avec les flancs nus et escarpés du Wetterhorn. On voit aussi le Schreckhorn, le Mettenberg, l'Eiger, et enfin le Mœnch. La vue, à l'E. sur la vallée du Reichenbach, est peu intéressante. Le *glacier de Schwarzwald*, fort réduit, apparaît entre le Wetterhorn et le Wellhorn.

Au-dessous de la Scheideck, on prend le sentier de gauche. Bientôt on entre dans la forêt, toujours au pied de parois à pic. Au pont de Reichenbach, dans un fond tapissé de sapins, le sentier se divise en deux chemins. L'un (qui est préférable à cause des charmants coups d'œil qu'il offre sur le glacier de Rosenlaui supérieur et les cimes environnantes), conduit à la *Sage;* l'autre se dirige, à droite, dans la forêt et conduit aux *bains de Rosenlaui* (1,330 m.).

Le chemin de Meringen suit le cours du *Reichenbach*, qui sort de la pente S. de la chaîne du Schwarzhorn. On traverse d'abord un taillis, puis une prairie entourée de forêts et animée par des troupeaux et des chalets, rendez-vous favori des peintres de paysage. Les parois arides de l'Engelhorn, et, au premier plan, le Wellhorn, au-dessus duquel apparaît la cime conique du Wetterhorn, forment un groupe de montagnes dont l'ensemble pittoresque, joint au au charme du paysage environnant, cherche son pareil dans toute la Suisse.

On traverse pour la dernière fois le Reichenbach, sur le pont au bout de la prairie; à partir de là, le chemin reste sur la rive droite, et l'on descend bientôt rapidement. Belle échappée de vue sur la vallée de Hasli ou de Meiringen, bornée par les hauteurs voisines du Brunig et du Susten. Plus bas, se détache du chemin, à gauche, un sentier conduisant aux célèbres *chutes du Reichenbach*. Il traverse d'abord un bois, puis descend dans un pâturage et atteint un chalet, le meilleur point pour voir la *chute supérieure*. Le matin, le soleil luisant dans le ravin y forme d'innombrables arcs-en-ciel. Un sentier commode mène de l'hôtel Reichenbach aux *chutes inférieures*, et d'abord à un pont d'où le regard surplombe la chute.

Meirengen (599 m.), chef-lieu de la vallée de Hasli, est situé sur la rive droite de l'*Aar*, dans une plaine large de plus d'une lieue, entourée de montagnes escarpées et boisées, et dominée par quelques cimes neigeuses. Trois ruisseaux descendent du *Hasliberg* dans la vallée et forment derrière le village des cascades considérables. Souvent, ils débordent et inondent toute la contrée de boue et de quartiers de roche qui se détachent des flancs schisteux du Hasliberg.

De Meiringen à Interlaken

Derrière Meiringen, la route passe sur la rive gauche de l'*Aar* et traverse des prairies uniformes; on aperçoit, à gauche, quelques chutes, surtout celles de l'*Oltschibach*, qui est fort belle.

Le long du lac de Brienz, que l'on voit bientôt

apparaître à l'O., sont dispersés de grands amas de débris qui couvrent un sol autrefois fertile.

Tracht (Weisses Kreuz), village contigu à celui de Brienz, est connu par ses ouvrages en bois sculpté, qui occupent 600 personnes. Du *Kœnzli*, belle vue sur le lac, sur la chaîne du Faulhorn, le Sustenhorn, le Triftenstock, etc.

Brienz (604 m.), village considérable (2,600 h.), dont la plupart des maisons sont en bois, dans un site gracieux au pied du *Brienzer Grat*, qui sépare le lac de Brienz de l'Entlibuch. Belle vue du haut du cimetière sur le lac et sur une partie du Giessbach : dans le fond, le Faulhorn; à gauche, la chute de l'Otschibach; en arrière, la chute du *Mühlibach*, haute de 357 m., souvent à sec en été.

Le plus haut point du Brienzer Grat est le *Rothhorn de Brienz* (2,351 m.) renommé pour sa vue. Le nouveau chemin de mulets conduit à la cime en 4 h. Le premier tiers du chemin est seul pénible et escarpé. Au sommet, se trouve la frontière de Berne, de Lucerne et d'Interwalden. Du sommet, on voit toute la chaîne de l'Oberland Bernois; au premier plan, le lac de Brienz; à droite, au-dessus d'Interlaken, entre les montagnes, un coin du lac de Thoune; toute la vallée du Hasli depuis Meiringen, jusque près du Grimsel; de l'autre côté, le petit lac Eysee, le lac de Sarnen, une partie considérable du lac des Quatre-Cantons avec le Rigi, un coin du lac de Zug, une longue bande de celui de Neuchâtel, et même le lac de Constance. La vue est comparable à celle du Niesen. Les Alpes bernoises sont en partie masquées par la chaîne du Faulhorn, mais en revanche, l'œil embrasse toute la chaîne du Titlis, et surtout le Titlis même. Le Glærnisch et le Sentis sont également visibles en entier.

Le *lac de Brienz* a 12 kilom. de long, 3 kil. 6 de large, 150 m. de profondeur près du Giessbach, et 262 près d'Oberied. Ses rives sont entourées de montagnes hautes et boisées, et de rochers nus et stériles ; au S.-E., le Susten couvert de neige ; à droite, les pointes du Triften. Du lac, on ne voit du *Giessbach* que le filet inférieur, qui se jette dans le lac.

Plus loin, sur la rive S., *Iseltwald*, village dans un joli site, avec un vieux château ; dans le lac, une petite île boisée dite *Schnecken-Insel* (des Escargots). Sur la rive septentrionale, les villages d'*Oberried* et de *Niederried*, au pied de l'*Augstmatthorn* ; plus loin, s'élèvent, du sein de broussailles et de vergers, les ruines pittoresques de l'ancien *château de Ringgenberg*, avec l'église du même nom ; sur une colline isolée, l'ancienne tour de l'église de *Goldswyl*, qui fut transférée, en 1674, à Ringgenberg. Vis-à-vis, la *Lütschine*, débouchant des vallées de Grindelwald et de Lauterbrunnen, verse ses eaux dans le lac.

Le Giessbach

Le *Giessbach*, autrefois inabordable, n'est connu que depuis 1818. C'est alors que le maître d'école *Kehrli* y fraya un chemin et se fit payer une indemnité des voyageurs.

Une route commode et sinueuse conduit à l'hôtel. A l'endroit où cette route fait son sixième coude, on jouit d'un joli coup d'œil sur la chute supérieure. Un peu peu plus loin, près du chemin, la *Kanzel*, avec une belle vue sur le lac. Une plaque de marbre blanc près du chemin rappelle le souvenir de Kehrli.

La terrasse attenante est le point le plus remarquable. Elle offre une vue complète sur le Giessbach et la série des cascades qui, de rocher en rocher, se précipitent d'une grande hauteur. Moins élevées que celles du Reichenbach, elles leur sont supérieures par les magnifiques bois et les vertes et fraîches prairies qui les encadrent ; on se croirait transporté dans un parc. Par un temps chaud, à l'ombre des grands arbres, au milieu d'une atmosphère pure et rafraîchie encore par le voisinage des chutes, le séjour, au Giessbach, est délicieux.

De bons sentiers conduisent de la terrasse aux chutes du Giessbach, qui se précipitent de la paroi méridionale de la vallée. La 2e chute n'a point de pont, mais on peut passer dessous par une grotte ouverte que relie les deux rives. Le paysage, à demi-voilé par la cascade, produit un effet tout particulier. Celui qui en aura le temps, ne devra point négliger de monter jusqu'à la derniere chute, où le Giessbach s'échappe d'un sombre ravin formé par des rochers à pic de 130 m. de haut.

Du haut du *Rauft*, massif de rochers boisé sur le versant N.-E. de la vallée, en face des chutes, la vue embrasse tout le lac de Brienz, l'embouchure de l'Aar et la plaine de Brienzwyler ; vis-à-vis, au-dessus de Brienz, les montagnes de Brienz, la longue arête et le Rothhorn de Brienz en aval, au-dessus d'Interlaken, un coin du lac de Thoune avec l'énorme pyramide du Niesen.

De Meiringen à Engelberg

De Meiringen par le *Kirchet*, à *Im-Hof*. A partir de là, on suit la route du Susten. Le chemin de mulets, raboteux et pierreux, va toujours en montant dans la direction du N.-E., à travers des forêts, jusqu'à la *Gentelalp* et au-delà. Un autre chemin un peu plus court conduit de Meiringen aux vallées qui se réunissent près d'Im-Hof. Le long du Hasli-Berg, l'on a de jolis points de vue.

A l'extrémité N.-E. de la Gentelalp, un pont mène par la rive gauche à l'*Engstlenalp*. Du milieu de la haute paroi escarpée jaillissent, suivant la saison, de 8 à 15 sources abondantes, formant une suite de jolies cascades. L'*Engstlenbach,* nom du ruisseau à partir de là, forme aussi de belles chutes. Le chemin est mauvais et monte le long de rochers sur lesquels des sapins ont pris racine, jusqu'à l'*Engstlen-Alp* (1,839 m.), située à la même hauteur à peu près que l'hospice du Grimsel, mais au milieu d'un des pâturages les plus luxuriants des Alpes, couvert d'une quantité de fleurs, de roses des Alpes, de vieux pins, et de ruisseaux à cascades.

Le *Wunderbrunnen* (source merveilleuse) à 300 pas au N.-E. de l'auberge, est une source intermittente, très-abondante lorsqu'il fait beau temps, surtout à 3 h. du soir; le matin, à 5 h., elle est complètement à sec. Lorsque le ciel est couvert et que les neiges ne fondent par conséquent point, elle ne coule presque plus. Il semble donc que l'eau n'apparaisse ici que lorsque son écoulement naturel dans la vallée est insuffisant pour absorber toute l'eau qui s'y concentre. Au mois d'août, la source disparaît souvent en entier.

Le chemin d'Engelberg longe le petit *lac d'Engstlen,* et arrive au *Jochpass* (2,208 m.), d'où les Wendenstœcke et le Titlis font un effet imposant; une vue saisissante s'y ouvre sur les montagnes d'Unterwalden. La neige n'y disparaît qu'au cœur de l'été.

De Meiringen en 1 h. 1/4 à *Im-Hof* (626 m.). La route du Susten se détache ici à l'E. de la route du Grimsel. Elle traverse de charmantes prairies et des pentes couvertes d'arbrisseaux.

La partie inférieure de la vallée s'appelle *Mühlethal*, puis vient le *Nessenthal*. Près de Muhlestalden, s'ouvre, au S.-E., la *vallée de Trift*, au fond de laquelle se voit le grand *glacier de Trift*. Puis on monte par *Schaftelen Führen*, où commence la belle *vallée de Gadmen*. La verdure de la vallée avec ses érables, contraste singulièrement avec les flancs nus et abruptes de la *Gadmenfluh*.

Le glacier de Trift est, sans contredit, un des plus remarquables de la Suisse, surtout depuis sa marche rapide des dernières années. Il y a 30 ans, il était encore à une demi-lieue de l'ancienne route, qu'il a maintenant dépassée depuis longtemps. L'extrémité inférieure de sa moraine forme une saillie si prononcée qu'on redoute avec raison de la voir remplir un jour tout le haut de la vallée.

Le point culminant du col, la *Susten-Scheideck* offre une vue bornée, mais grandiose ; elle embrasse toute la chaîne déchirée qui borne, au N., le Meienthal ; et au S., les cimes colossales du *Sustenhorn* et du *Thierberg*.

Le chemin fait, en descendant, de nombreux contours le long des *Urathshœrner*. Le *Meienbach*, que l'on suit et franchit à plusieurs reprises, sort d'une gorge escarpée où le *Stücklistock*, et le majestueux *Sustenhorn* versent leurs avalanches. On atteint la *Hundsalp;* puis un pont sur le *Gurezmettler*, qui écume à une grande profondeur.

Au-dessus de Wasen on trouve la *Meienschanz*, redoute élevée en 1712, durant les guerres de religion, fortifiée en 1799, par les Autrichiens prise et détruite, le 14 août 1799, par les Français, sous les ordres de Loison.

Rapide mais courte descente jusqu'à *Wasen*, sur la route du Saint-Gothard.

L'excursion, au Sud-Ouest, dans la *vallée d'Urbach*, jusqu'à l'énorme glacier de Gauli qui en forme le fond, exige 10 ou 12 heures ; on fera bien d'emmener un guide, afin de pouvoir monter sur le glacier même, d'où la vue embrasse le fond de la vallée et les superbes montagnes des environs.

La chaussée de la vallée de l'Aar aboutit provisoirement au-dessus d'Im-Hof, où commence un chemin de mulets bien entretenu. On traverse quelques torrents que la neige des avalanches couvre encore au commencement de l'été. Après une heure de marche, on arrive à *Guttannen*, le plus grand et en même temps le plus pauvre village de la *vallée supérieure du Hasli*, situé dans un bassin assez large.

A 30 minutes de Guttannen, pont sur l'Aar aux flots bouillonnants, la vallée se rétrécit. Des rochers noirs et dépouillés s'élèvent à pic à droite. D'énormes masses d'éboulis, arrêtées sur les pentes moins escarpées des montagnes, témoignent de la puissance des avalanches ou de la force des eaux. Quelques ruisseaux se précipitent de la hauteur. L'Aar augmente de rapidité et forme une petite chute. Une arête de rochers couverte de pins ferme la vallée.

On trouve à gauche, un court sentier qui conduit à une saillie juste en face de la célèbre *chute de la Handeck* : on est arrosé par la poussière d'eau qui s'élève du fond d'un abîme de 75 mètres, où les flots de l'Aar se précipitent en une masse compacte. Quelque majestueux que soit cet aspect, il est surpassé si l'on descend à l'Est de l'auberge, d'où l'on contemple la cataracte d'en haut. C'est sans doute, après celle du Rhin, la plus remarquable des Alpes, tant à cause de sa hauteur et de son volume, qu'à cause de la nature sauvage des environs. La force du courant est telle, qu'elle forme nappe jusqu'à la moitié de sa hauteur, alors seulement, elle se brise en rebondissant sur les rochers, et développe un vaste cercle de vapeurs sur lesquelles le soleil produit des arcs en-ciel qui montent et descendent avec elles. L'*Erlenbach* se précipite à gauche dans la même gorge et mêle, à mi-hauteur de la chute, ses eaux d'une couleur argentine avec les eaux grises de l'Aar.

La sombre forêt de pins, que le chemin a traversée pendant longtemps, s'éclaircit de plus en plus; on ne voit plus que des sapins nains qui disparaissent à leur tour au-dessus de la Handeck. Le sol pierreux ne produit plus qu'une herbe maigre et çà et là des roses des Alpes (rhododendron).

La vallée devient de plus en plus sombre et étroite. On traverse plusieurs fois l'Aar. La végétation cesse presque entièrement. Il n'y a entre la Handeck et le Grimsel que deux habitations humaines, deux chalets, dans le *Rœterisboden*, dernier bassin avant le Grimsel.

Le sentier monte un moment et parvient à un défilé sauvage et plein de rochers. On quitte enfin les bords de l'Aar, et l'on arrive à l'*hospice du Grimsel* (1,874 mètres), primitivement un simple asile pour les voyageurs passant par le Grimsel, et propriété de l'Oberhasli. Au cœur de l'été, il est encombré de voyageurs.

Le stérile bassin où se trouve l'hospice le *Grimselgrund*, est situé à 301 mètres au-dessous du col. On n'y voit que des rochers nus, dans les renfoncements desquels est amoncelée une neige éternelle; çà et là un peu d'herbe chétive et de mousse. Près de la maison se trouve un petit lac sombre, sans poisson et divisé en deux parties. Au delà, un maigre pâturage, qui nourrit, pendant un ou deux mois, les vaches de l'hospice.

Le *Finster-Aarhorn* (4,275 mètres), la plus haute des montagnes bernoises, n'est pas visible de l'hospice, mais bien du sommet du *Nollen*, colline rocheuse à quelques pas de là. Ce géant de l'Oberland a été gravi pour la première fois en 1829.

L'Aar sort de deux puissants glaciers à l'ouest de l'hospice : le *glacier supérieur* et le *glacier antérieur* ou *inférieur*. Le premier, séparé du second par le Zinkenstock, est à 5 lieues de l'hospice. Là où les deux glaciers se rencontrent, on voit s'élever une énorme moraine centrale haute, à certains endroits, de 26 mètres. Jadis la vallée actuellement appelée *Aareboden*, qui s'étend depuis l'hospice jusque bien au-delà du glacier inférieur, portait le nom de *Blümlisalp* („alpe fleurie") et se composait de terrains fertiles comme l'indique ce nom.

Un des points de vue les plus remarquables de ces contrées est l'*Ewig-Schneehorn* (3,331 mètres), qu'un bon marcheur gravira sans trop de peine. Du Grimsel au *pavillon Dollfuss*, 3 heures; de là au glacier de Lauteraar au Gauligrat, et à la cime, 4 heures. Panorama grandiose.

Passé l'hospice, un chemin de mulets monte en serpentant au col du *Grimsel* (2,175 mètres), qui relie la vallée supérieure du Hasli au Haut-Valais. Au sommet du col, on trouve la frontière de Berne et du Valais, où la neige ne disparaît que rarement. Un petit lac, le *lac des Morts* (*Todtensee*), s'étend au sud-est de la crête.

En été 1799, ce lac devint le tombeau d'une foule d'Autrichiens et de Français. Les premiers, réunis aux Valaisans, s'étaient retranchés sur le Grimsel; leurs avant-postes s'étendaient jusqu'au premier pont de l'Aar, au-delà de l'hospice du Grimsel. Toutes les tentatives des Français, qui avaient pris position à Guttanen sous les ordres de Gudin, pour débusquer l'ennemi de sa position, avaient été infructueuses, lorsque, le 14 août 1799, un paysan de cet endroit, nommé Fahner, conduisit une division française directement au Grimsel par le Gelmerhorn, le Dœltihorn et le Gersthorn, chemin que jamais pied humain n'avait foulé, excepté peut-être celui de quelque pâtre.

En deçà du point culminant du col, le sentier direct de Haut-Châtillon en Valais se sépare du nôtre qui s'incline à gauche assez rapidement et descend la *Maienwand*, pente de 488 mètres de haut et couverte d'une abondance de plantes, surtout de roses des Alpes, et de riches pâturages. On a de beaux coups d'œil sur le glacier du Rhône et le Galenstock, et on atteint la route de la Furca près de l'Hôtel.

Du glacier du Rhône à Andermatt

Le *glacier du Rhône*, encaissé entre le *Gelmerhorn* et le *Gersthorn* (3,185 mètres) à l'Ouest, et le *Galenstock* (3,598 mètres) à l'Est, s'élève comme en terrasses sur une longueur de 6 lieues ; il ressemble en haut à une immense cataracte subitement convertie en glace.

Du glacier du Rhône, s'écoule un grand et beau ruisseau, dont les eaux sont teintes en gris par la neige qui s'y mêle ; c'est le *Rhône* (1,753 mètres), le *Rhodanus* des anciens, que ceux-ci faisaient sortir des portes de l'éternelle nuit au pied de la colonne du Soleil. Les habitants de la vallée nomment *Rotten* ou *Rhodan* trois sources tièdes qui jaillissent immédiatement derrière l'hôtel, à gauche du relais de poste et ils les regardent comme les sources du Rhône. Ces sources sont enfermées dans un bassin rond; elles se jettent dans l'eau du glacier après un cours de quelques instants.

La nouvelle route de la Furca passe le Rhône naissant tout à côté de l'hôtel, et monte en formant de grands zigzags sur le flanc est de la vallée. Elle fait une grande courbe à gauche et s'élève par de longs circuits contre la paroi extérieure de la montagne, à une grande hauteur au-dessus du glacier du Rhône, offrant des coups d'œil splendides sur les masses de glace qui se dressent sous les formes les plus étranges, et dont on se trouve particulièrement très-rapproché à la deuxième et à la troisième courbe.

La *Furca* (2,436 mètres) est un col à pic des deux côtés, situé entre deux cimes qui ressemblent aux dents d'une fourche; de là son nom. La vue ne répond pas à l'élévation; elle s'étend sur la chaîne des Alpes bernoises; le Finsteraarhorn est le principal objet du paysage.

L'ascension du *Furkahorn* du milieu (3,028 mètres) est intéressante et n'offre pas de difficulté. Magnifique panorama sur les Alpes bernoises et valaisannes, le Galenstock, le groupe du Saint-Gothard, etc.

Le vieux chemin descend ensuite rapidement au fond du *Garschental*, par des pâturages déserts et sans vue. Les botanistes y trouveront seuls du plaisir. Presque toute la flore des Alpes se trouve réunie ici, surtout sur la *Siedelnalp* et la *Wasser-*

alp. La nouvelle route reste sur la hauteur. On aperçoit, à gauche, le *glacier de Siedelen*, dont le ruisseau forme une jolie chute au bord de la route; à côté, les aiguilles du *Bühlenstock*, plus loin, à gauche, le glacier nommé *Tiefengletscher*.

XVI

Le touriste visitera, s'il a du loisir, le col de Réalp et la vallée d'Urseren qui sont à peu près les deux dernières excursions capables de nous arrêter encore dans l'Oberland; mais il est temps de passer à d'autres cantons.

Nous devrions, en quittant Berne, nous diriger vers le Jura-Bernois et le faire connaître au lecteur. N'oublions pas, cependant, que notre étude de la Suisse comprend deux parties : la Suisse alpestre et la Suisse du Jura. Il sera temps de nous entretenir du Jura-Bernois, quand nous ferons le voyage de Bâle à Genève, en suivant les rameaux du Jura, les plaines du Seeland situées à ses pieds, et les dernières collines venant des Alpes. Nous indiquerons suffisamment, d'ailleurs, les points qui s'éloigneraient trop de notre itinéraire.

C'est pourquoi nous quitterons Berne pour traverser rapidement Fribourg et arriver à Vevey, la chaude station du pays de Vaud sur le Léman. C'est de Vevey, dont nous reparlerons dans la seconde partie, que nous entrons dans la vallée du Rhône, autrement dite le Valais.

CANTON DU VALAIS

Limites, Étendue, Climat. — Le Valais est borné, au nord, par les cantons de Berne et de Vaud; au sud, par les Etats sardes; à l'est, par les cantons du Tessin et d'Uri, et à l'ouest par la Savoie, le Léman et le canton de Vaud. Il consiste en une longue et étroite vallée, creusée dans le sein des Alpes, sur une longueur de 40 lieues, touchant d'un côté aux pics neigeux de la Furka, et de l'autre aux rives du lac de Genève. Deux chaînes de montagnes l'entourent, gigantesques remparts qui semblent en vouloir fermer complètement l'accès. Sur leurs cimes s'étalent une succession non interrompue de glaciers, qui forment à tout le pays une ceinture de neiges, réservoirs glacés d'où s'échappent une multitude de cours d'eau. Ceux-ci ont creusé dans les deux chaines principales de profondes vallées latérales ; ils vont se perdre dans le Rhône, qui traverse la plaine. Des forêts remontent les flancs des montagnes, qui se couronnent de maisons éparses, de villages rustiques, de chalets et de troupeaux. Dans la plaine, les habitations se groupent sur quelque éminence, ou se collent aux rochers voisins, pour échapper aux dévastations incessantes du Rhône. Placé sur les confins de l'Italie, le Valais doit naturellement subir l'influence de la température de cette dernière contrée: aussi, tandis que, dans les hautes régions, l'air frais de la montagne se joue entre les sapins et les plantes du nord, à Sion et dans la partie centrale du pays, les amandiers et les figuiers prospèrent sous l'influence d'une chaleur tropicale. Durant l'été, la rosée ne tombe point dans les localités les mieux abritées ; aussi la sècheresse s'y fait-elle sentir fréquemment. — Des castastrophes de tout genre ont éprouvé et éprouvent encore journellement le Valais. Aux dévastations annuelles causées par le Rhône et ses affluents, viennent se joindre les tremblements de terre, qui y sont fréquents, et se font sentir surtout dans la partie supérieure du canton. A tout cela, il faut encore ajouter les désastres causés par les avalanches et la chute des glaciers : le village des Bains de Loëche fut maintes fois détruit de fond en comble par ces énormes masses de neige. Le canton du Valais est le cinquième en grandeur de la Confédération. Sa population est de 100,000 âmes.

MONTAGNES, GLACIERS, PLAINES. — Deux longues chaînes de montagnes se détachant du massif du Gothard, enceignent le Valais et le limitent par leurs contours. La plaine atteint à peine une lieue dans sa plus grande largeur ; elle présente deux défilés remarquables, l'un à l'entrée de la vallée de Conches, l'autre près de Saint-Maurice, où la chaussée et le fleuve se disputent un étroit passage. Les Alpes bernoises courent à peu près parallèlement au Rhône, tandis que la chaîne méridionale s'arrondit en un immense demi-cercle, d'où descendent treize vallées. Cette partie des Alpes était connue des anciens sous le nom d'Alpes Lépontiennes et Alpes Pennines. Sur la limite entre le Vallais et les Etats sardes, s'élève une forêt de pics de 10 à 14,000 pieds de hauteur : ce sont le *Mont-Rosa*, le *Mont-Cervin*, les *Mischabel*, etc. A leurs pieds s'étalent les glaciers, avançant ou reculant dans les vallées, poussant au loin leurs moraines. Les plus importants de ces formidables amas de neige sont le *Gornergletscher*, dans la vallée de *Zermatt* ; le glacier de *Zinal* dans le val d'Anniviers, celui de *Ferpècle* dans la vallée d'Hérens, etc. Les passages les plus fréquentés sont le Simplon, le Saint Bernard, le col Saint-Théodule, etc. Au Saint Bernard, la chaîne se bifurque : l'un des rameaux court vers le sud-est et entre en Savoie : c'est le

Mont-Blanc; l'autre se dirige au nord, élevant dans les airs la Dent du Midi, à 10,107 pieds au-dessus de la mer. — La chaîne septentrionale court du nord-est au sud-ouest jusqu'à Martigny, d'où elle se dirige, en s'abaissant considérablement, vers le nord-ouest. Nulle part en Suisse la nature n'a accumulé un amas de roches aussi compacte et aussi étendu. Le Rawyl, la Sanetsch, non loin de Sion, la Gemmi, aux Bains de Loëche, et le Grimsel, servent de communication entre le Valais et le canton de Berne.

Rivières et Vallées. — Le Rhône traverse le Valais dans toute sa longueur; ce fleuve est l'un des plus considérables de l'Europe. Il naît au pied des âpres sommets de la Furka, fuit au milieu des des terres et des roches éboulées ; puis, parvenu dans la plaine, coule avec majesté. Aux jours de sa fureur, il s'étend dans les campagnes et les convertit en un vaste lac aux ondes jaunâtres. Parvenu à Martigny, le fleuve fait un angle d'environ 60 degrés et se dirige vers le Léman, où il se plonge à peu de distance du Boveret. Son onde grisâtre trace au sein du lac un long sillon d'argent. Les alluvions que le fleuve entasse chaque année vers son embouchure, font reculer insensiblement le lit du Léman.

Un immense glacier, encaissé entre le Gerstenhorn et le Galenstock, passe pour être le réservoir d'où naît le Rhône ; mais trois petites sources, placées plus haut, et dont les eaux disparaissent bientôt sous la voûte du glacier, revendiquent aussi cet honneur. Ces sources ne gèlent jamais : elles ont constamment une température de 14°. On prétend qu'elles ont une légère saveur sulfureuse. — Le glacier du Rhône est l'un des plus beaux que l'on connaisse : il ne ressemble pas mal à une immense cataracte subitement congelée. Tout au bas, d'une voûte peu élevée, naît le Rhône. Il reçoit dans sa course jusqu'au Léman environ 80 affluents. La *Dranse*, le plus important de ces cours d'eau, se compose de trois bras, qui se réunissent à Orsières et à Sembrancher, et arrosent la triple vallée qui forme l'Entremont. Celui des bras de la Dranse qui descend du glacier de Chermontanaz s'était, depuis des siècles, frayé un étroit passage entre le Mont-Pleureur et le Mauvoisin; mais, en 1818, des blocs de glace, descendant du Giétroz, obstruèrent le canal, et il s'y forma un lac, qui, déjà au 16 mai, n'avait pas moins de 7,200 pieds de longueur, sur 180 de profondeur. Le 18 juin, les eaux se précipitèrent avec une force indicible dans la vallée, dévastèrent tout ce qu'elles purent atteindre, et arrivèrent en moins de deux heures au lac de Léman. Une cinquantaine de personnes perdirent la vie : tout ce qui se trouvait sur les bords de la rivière fut emporté. — La Dranse cause encore, chaque année, des dommages plus ou moins considérables à la vallée de Bagnes.

La *Viége* arrose la vallée à laquelle elle a donné

son nom ; elle est formée de deux bras, qui se réunissent en dessous de Stalden. L'un sort du lac de Saas, sur le Monte-Moro ; l'autre nait du lac de Gorner, au fond de la vallée de Zermatt, elle rejoint le rhône près de Viége.

Les rivières les plus importantes, après celles que nous venons de nommer, sont la *Lonza*, dans la vallée de Lœtschen ; ia *Dala*, à Loëche, la *Navizence*, au val d'Anniviers ; la *Borgne*, dans la vallée d'Hérens ; la *Morge*, descendant du Sanetsch; la *Vièze*, dans le val d'Illier, etc.

On compte en Valais seize vallées latérales ; trois dans la chaîne septentrionale. Elles débouchent la plupart dans le grand bassin du Rhône. La vallée de *Conches* n'est que la continuation de la grande vallée du Rhône, qui, à partir de Brigue, se dirige vers le nord-ouest. La vallée de *Lœtschen*, sur la rive droite du Rhône, aboutit au magnifique glacier d'Aletsch ; contrée mystérieuse et sauvage. La Lonza roule entre les deux versants des monts, tandis qu'une route nouvelle serpente à mi-côte. La vallée de Lœtschen communique avec le canton de Berne par le Tschingel et le Lœtschberg. — Le val d'*Anniviers* s'ouvre en face et un peu en aval de Sierre ; il offre une série de sites romantiques et sauvages, à l'extrémité desquels pyramident les dents de Zinal, de Gabel et le Rothhorn. Le col de Torrent conduit les Anniviards dans la vallée d'*Herens*, profonde de huit lieues. La vallée de *Bagnes* n'est pas moins intéressante par ses pelouses, ses lacs et ses glaciers immenses, d'où s'échappe la Dranse. Plus loin, la pittoresque vallée d'*Entremont* conduit au Grand Saint-Bernard. Enfin, au-dessus de Monthey s'ouvre le val d'*Illier*.

LACS ET CASCADES. — Le Valais ne renferme pas moins d'une trentaine de petits lacs, la plupart perdus dans les hautes Alpes. Nous mentionnerons le lac de *Saas*, d'une lieue de circuit; celui d'*Aletsch*, au pied du glacier du même nom ; le *Daubensee*, sur la Gemmi, au sein d'une contrée déserte ; le lac de *Géronde* ; le lac de *Derborentze*, formé, en 1749, par la Lizerne, dont le cours fut interrompu par l'écroulement de l'un des pics des Diablerets. Le lac du *Saint-Bernard* baigne les murs de l'hospice. A quelques lieues plus bas, le le lac de *Champey* étincelle comme une émeraude. Enfin, n'oublions pas le *Léman*, qui baigne le territoire valaisan sur un espace d'environ une lieue, de l'embouchure du Rhône à Saint-Gingolph.

Les chutes d'eau les plus remarquables sont : la cascade de la *Pissevache*, entre Martigny et Saint-Maurice ; celle de la *Tourtemagne*, haute de 80 pieds ; celle de la *Gamsa*, dans le Nansthal ; celle de l'*Egine ;* celle de la *Dala*, aux bains de Loëche ; et celle de la *Dranse*, de Valsorey. La Vièze forme, dans le val d'Illier, une série de chutes assez pittoresques.

Les sources thermales de *Loëche* jouissent d'une

9.

réputation européenne. Les sources sont au nombre de douze environ, et telle est leur abondance, que celle de Saint-Laurent seule fournit chaque jour 1,500,000 litres d'eau. Les eaux contiennent du gaz acide carbonique, des sulfates de chaux, de magnésie, de soude, des carbonates de chaux, de protoxide de fer et de potassium, de la silice, etc., etc. Une pièce d'argent déposée dans cette eau se couvre d'une couche solide jaunâtre. — Les bains de *Saxon* sont peut-être appelés à une renommée plus grande encore, la présence de l'iode dans les eaux de la source étant dûment constatée. — *Morgens*, petit vallon qui sert de communication entre le Bas-Valais et la vallée d'Abondance, offre une source dont les propriétés curatives sont remarquables, et qui est connue dans les environs sous le nom d'*Eau rouge*. Un grand hôtel, appartenant à la commune de Trois-Torrens, s'élève non loin de la source, au milieu de quelques chalets, où les habitants de Monthey viennent passer l'été. — Les eaux de *Brigue* ont les mêmes propriétés que celles de Loëche. On a découvert, en 1847, une caverne attenant à la source, et qui est constamment remplie d'une vapeur pareille à celle d'une étuve. Le *Rothbach*, près de l'église de Saas, les eaux purgatives et fébrifuges d'*Augsport*, vallée de Viége, jouissent d'une certaine réputation parmi les gens de la contrée. *Saillon*, *Sembrancher*, *Bagnes*, offrent en outre des sources d'eau minérale.

HISTOIRE NATURELLE. — La *faune* du Valais renferme environ 400 espèces de vertébrés. Quelques familles ont disparu, détruites par les chasseurs : tels sont les cerfs, les chevreuils du bois de Finges, les bouquetins, etc. Ceux-ci, cependant, se présentent encore à de rares intervalles, dans les environs du Mont-Rosa. Le Valais est très-riche sous le rapport ornithologique, le passage du Simplon offrant aux oiseaux la voie la plus courte pour se rendre dans le Midi. Les insectes sont fort nombreux, et ravagent quelquefois la contrée ; les localités les plus chaudes du pays possèdent la menthe religieuse et la cigale. Les papillons sont également nombreux, tandis que les poissons, vu la hauteur des lacs et la rapidité des torrents, sont rares. Le Rhône seul en offre une assez grande variété, et notamment d'énormes truites.

Le Valais possède les sept huitièmes des plantes suisses : c'est assez dire quelle est la richesse de sa *flore*. Le pays a, en outre, ceci de particulier, qu'il renferme des plantes appartenant les unes aux contrées méridionales, et les autres aux solitudes glacées du Spitzberg.

Le Valais n'est pas moins intéressant pour le minéralogiste et le géologue. La structure de ses montagnes, ses glaciers, attirent l'attention. Les blocs erratiques sont nombreux en Valais : on en trouve un fort remarquable à Sion. Les alentours de Monthey en offrent pareillement un grand nombre. — On a exploité et on exploite encore plusieurs mines dans le canton. La mine d'argent de Peiloz (vallée de Bagnes) occasionna de longs débats entre les évêques de Sion et deux Bernois qui la découvrirent. Les mines actuellement exploitées sont les suivantes: les mines de plomb argentifère de Lœtschen, de Nendaz, d'Iserabloz; la mine d'or de Gondo; les mines de fer de Chamoson et de Chemin; les mines de nickel d'Anniviers, dont on voit la fonderie à quelque distance de Sierre, etc. Dans la colline des Mayens de Sion, on exploite une mine d'anthracite, qui fournit des produits abondants.

ANTIQUITÉS. — Le séjour des Celtes en Valais est attesté par divers monuments et par les noms que portent quelques localités du pays, tels que *Sedunum*, *Briga*, *Octodurum*. La dénomination de *Vallis Pennina*, sous laquelle les Romains connaissaient la contrée, dérive du Celte (*Penn*, sommité, pointe). Les Sarrazins et les Huns ont de même laissé des traces de leur passage. — Les Romains comprirent de bonne heure l'importance de la position du Valais, comme route militaire et comme route mercantile. Auguste fit ouvrir et réparer des routes. Un temple à Jupiter Pennin s'éleva sur le sommet du passage du Saint-Bernard, On y remarque des médailles, des statuettes de Pan et de la Victoire, des armes, des instruments de sacrifice, etc. Saint-Pierre, petit village placé sur la route, offre une colonne milliaire datant du règne de Constantin, tandis que Martigny, Saint-Maurice, Fully et Sion possèdent des inscriptions romaines, la plupart assez bien conservées. Dans cette dernière localité, on remarque, dans le vestibule de l'hôtel-de ville, une autre pierre milliaire qui porte le nom de Volusionus. L'ancien château de Valère a conservé le nom de *Valeria*, mère de Campanus, préfet du prétoire de Maximien, dont le tombeau se voyait au pied de la colline. *Tarnade* (Saint-Maurice), point stratégique important, renfermait un temple de la déesse Hydine. Les Romains morts dans les Gaules s'y faisaient ensevelir. Ceci explique la grande quantité de pierres tumulaires que l'on y a déterrées. — Les bains de Loëche étaient déjà connus des Romains. Ils y ont laissé un tombeau et des médailles récemment découvertes dans un banc de tuf. Les autres localités du pays où l'on a découvert des constructions et des monnaies romaines, sont Vionnaz, Ardon, Trois-Torrens, etc. La voie militaire franchissait le Rhône à Massonger, sur un pont, dont on voit encore les culées quand les eaux sont basses.

HISTOIRE. — Les premiers habitants du Valais furent, d'après les Commentaires de César, des peuplades de la Gaule celtique. Ils se partagèrent le pays et s'établirent, de la Furka, à Martigny et à Saint-Maurice jusqu'au Léman. Un combat terrible entre les Helvètes et les Romains, entre Divicon et Cassius, ensanglanta de bonne heure la contrée. Bientôt après Jules-César envoie Galba, son lieutenant, soumettre les Véragres, les Nantuates et les Séduniens ; les indigènes sont vaincus, et les aigles romaines planent sur les hauteurs d'Octodurum. Les Valaisans courbent ainsi la tête sous la domination romaine. En 69, Cécina, à la tête de ses légions, traverse le Saint-Bernard, tandis qu'en 302, Maximilien, se rendant dans les Gaules, ordonne près de Tarnade le massacre de la légion Thébaine, qui refusait de sacrifier aux dieux du paganisme. Le sang de ces martyrs cimenta dans le pays l'établissement de la foi chrétienne, et saint Théodore fonda le monastère de Saint-Maurice, où il déposa religieusement les ossements des héroïques légionnaires. Les Vandales ariens envahissent ensuite tout le Valais, et sont remplacés par les Bourguignons, qui s'y établissent. Sigismond, l'un de leurs rois, dote l'abbesse de Saint-Maurice, et assemble un concile à Epaune. Le Valais passe ensuite aux Francs (535), qui s'efforcent de tenir en respect les Lombards, dont les hordes sauvages avaient, à plusieurs reprises, dévasté le pays. C'est vers cette époque (580) qu'il faut rapporter la translation du siège de l'épiscopat d'Octodure à Sion. — Charlemagne traverse en suite à plusieurs reprises le Valais, pour se rendre en Italie. Dans le cours de ces voyages, il comble de présents et de terres l'abbaye de Saint-Maurice. Ses fils se laissent arracher le Valais par Rodolphe, qui fonde le second royaume de Bourgogne. Il est sacré roi en 888, dans l'église abbatiale de Saint-Maurice. Rodolphe II, son fils, lui succède et augmente ses Etats, tandis que Conrad voit le Valais envahi par les Sarrazins, qui, pillaient la contrée, rançonnaient les voyageurs, et s'établissaient dans les vallées jusqu'alors désertes, A l'extinction de la famille de Rodolphe, le Valais passe aux empereurs d'Allemagne. Conrad-le-Salique le cède avec le Chablais au comte Hubert, souche de la maison de Savoie. Ermanfroi, évêque de Sion, s'attire les faveurs de l'empereur Henri IV, en facilitant son passage par le Saint-Bernard. En 1127, Conrad de Zæhringue est nommé par l'empereur Lothaire recteur de la Petite-Bourgogne, et par conséquent du Valais. C'est à cette époque que commence la longue lutte entres les patriotes, la noblesse et les évêques du pays. En 1318, les patriotes taillent en pièces la noblesse, près de Tourtemagne, puis, quelques années après, à Saint-Léonard. Edouard de Savoie cherche ensuite, avec l'appui des Bernois, à se maintenir sur le siège épiscopal, il est expulsé à deux reprises, et Guillaume Rarogne lui succède. Les patriotes se lèvent contre les Rarogne, et Thomas In des Bund s'immortalise à la journée d'Ulrichen, en 1419. Jean-Louis de Savoie, évêque de Genève, est battu, le 13 novembre 1475, aux portes de Sion, par les Haut-Valaisans, aidés d'un renfort de Bernois et de Soleurois. Les patriotes envahissent les dixains inférieurs et les arrachent à la domination des ducs de Savoie.

Jost de Sillinen, puis le cardinal Schinner, attirent bientôt sur le Valais les regards de l'Europe. — La Réforme pénètre ensuite en Valais; mais, en 1603, une assemblée populaire décrète le maintien de la religion catholique : les dissidents doivent renoncer à la foi nouvelle, ou quitter le pays. Quelques années plus tard, les Haut-Valaisans achèvent d'établir leur domination sur la partie inférieure du Valais. Dès cette époque, un calme plus ou moins profond remplace ces temps de luttes incessantes. Les Valaisans se contentent de vendre leurs services aux monarques étrangers, jusqu'en 1790, où les Bas-Valaisans commencent à s'agiter, entrevoyant une prochaine délivrance. En effet les troupes françaises pénètrent dans le pays en 1798 ; la révolution s'accomplit sans effusion de sang, la souveraineté du Bas-Valais est solennellement proclamée le 5 février. Sion résiste; les Français emportent la position de la Morge, et refoulent les Haut-Valaisans. — Le pays est ensuite réuni à la République helvétique. Il se révolte, et est de nouveau ensanglanté par une lutte terrible entre les Français et les patriotes. Ceux-ci, retranchés dans le bois de Finges, opposent à l'ennemi une résistance héroïque; surpris dans leur camp, ils sont poursuivis, la baïonnette dans les reins, jusqu'au pied de la Furka. Enfin, en 1815, ce pays entre comme vingtième canton dans la Confédération suisse.

Un des premiers soins de la nation rendue à elle-même est d'élaborer sa constitution future; mais les prétentions diverses, rendant tout accord impossible, les ambassadeurs étrangers résidant à Zurich interviennent et dotent le Valais de la Constitution du 12 mai 1815. Plusieurs lois utiles sont adoptées dans l'intervalle; mais l'esprit de réaction fait adopter un système électoral peu démocratique, qui amène l'occupation militaire de Conthey et de Martigny, et ne s'écroule que devant le contre-coup de la révolution de juillet.

En 1839, le Bas-Valais demande que chaque district soit représenté au sein du pouvoir législatif en raison de sa population. Cette réclamation est la cause d'une scission politique importante; bientôt il y a deux gouvernements en Valais. La Confédération intervient et ne fait qu'empirer la situation. Les deux parties du pays en viennent aux mains; après quelques combats, tout le canton reconnaît la Constitution du 3 août 1839, qui consacre le principe de la représentation proportionnelle. La suppression des couvents de l'Argovie fournit à quelques esprits remuants un prétexte pour de nouvelles agitations. L'irritation fomentée par les écarts de la presse gagne de proche en proche. Découragé, le Gouvernement de 1840 se retire. Tout à coup, le Haut-Valais, qui s'était armé et organisé en silence, fond sur la ville de Sion, s'en empare, et envahit les districts inférieurs. La Diète cantonale sanctionne après coup le mouvement.

Des persécutions, des exils, l'institution d'un tribunal exceptionnel, marquèrent le triomphe de la réaction.

Pour consolider le régime inauguré après la journée du Trient, les pouvoirs publics du Valais adhérèrent à la ligue du Sonderbund. Lorsque la

Diète fédérale en ordonna la dissolution, le peuple approuva l'accession à l'alliance séparée.

Les événements de 1847 sont connus. Vaincu dans la lutte, le Sonderbund fut dissous, et la Constitution fédérale du 12 septembre 1848 promulguée. Le Gouvernement du Valais dut, pour se libérer des frais de guerre, proposer au peuple la réunion au domaine de l'Etat des biens du haut clergé. Des conventions postérieures firent rentrer celui-ci en possession d'une partie considérable de sa fortune.

La Constitution du 30 janvier 1839 n'eut qu'une durée de quelques mois. Celle du 3 août de la même année déclara que l'instruction serait appropriée aux besoins du peuple; rétablit la représentation proportionnelle; donna deux députés au clergé; introduisit la publicité des séances du Grand Conseil et le *veto* facultatif des lois par les assemblées primaires. — Celle du 14 septembre 1844 écarta les laïques de l'enseignement supérieur; maintint l'institution des collèges électoraux, donna trois représentants au Clergé, et créa un tribunal pour les crimes et délits politiques.

La Charte du 10 janvier 1848 déclara l'instruction primaire obligatoire; abolit la représentation exceptionnelle du Clergé, et toute espèce de *referendum* ou *veto ;* institua des assemblées électorales de districts ou de cercle, etc.

La Constitution du 23 décembre 1852, qui régit actuellement le canton, s'écarte fort peu des dernières dispositions qui viennent d'être analysées, ouvrit la porte à la conclusion d'un concordat avec l'Eglise, etc.

Cultes. — Le peuple valaisan professe la religion catholique, et se distingue par une piété profonde et sincère. L'évêque de Sion est nommé par le Grand Conseil, sur la présentation de quatre candidats, faite par le Chapitre de la cathédrale. Durant trois siècles consécutifs, les évêques de Sion soutinrent une lutte acharnée contre les patriotes, qu'ils prétendaient gouverner au temporel en vertu de la Caroline. Les jésuites, congédiés et rappelés à plusieurs reprises, furent chargés de l'enseignement dans les collèges de Sion et de Brigue. L'*abbaye de Saint-Maurice*, le plus ancien monastère en deçà des Alpes, compte environ trente religieux; la plupart desservent des cures; les autres sont employés à l'enseignement dans le gymnase français à Saint-Maurice. L'hospice du Saint-Bernard remonte à la plus haute antiquité; saint Bernard de Menthon, archidiacre d'Aoste, le rétablit en 962, le dota et y plaça des religieux de Saint-Augustin.

Instruction publique. — L'instruction publique a été longtemps fort négligée en Valais. A l'heure qu'il est, ce canton fait les plus louables efforts pour se mettre, sous ce rapport, au niveau des Etats voisins. Il lui reste néanmoins de grands pas à faire, car le traitement minime des régents, la courte durée des écoles, paralysent en partie les efforts des autorités, et influent nécessairement sur l'avancement de l'instruction des masses. — Voici ses principales dispositions prises en 1849 : Chaque commune est tenue d'ouvrir une école ; toutefois, avec l'autorisation du département de l'Instruction publique, deux ou plusieurs communes peuvent se réunir pour ne tenir qu'une école. La fréquentation des écoles primaires est obligatoire pour tous les enfants du canton, jusqu'à l'âge de quinze ans. Le minimum de la durée annuelle de l'école est fixé à cinq mois ; les régents sont nommés par les Conseils communaux, sous réserve de l'approbation du Conseil d'Etat. — Dans un bon nombre d'écoles, un seul instituteur enseigne les enfants des deux sexes. Une Commission locale est chargée de la surveillance des écoles ; la même tâche incombe à trois inspecteurs nommés par le département de l'Instruction publique, qui inspecte toutes les écoles du canton. Les établissements supérieurs d'éducation, où l'enseignement est gratuit, sont : le Séminaire, l'Ecole de droit, le Lycée cantonal à Sion, le Gymnase français à Saint-Maurice, et le Gymnase allemand à Brigue. Le Lycée cantonal comprend trois années d'étude. — La ville de Sion a aussi établi un Gymnase dans son enceinte. — Une école moyenne existe à Saint-Maurice.

INDUSTRIE, COMMERCE. — Le mouvement commercial est faible en Valais, et l'industrie y est à peu près nulle. Le commerce de transit par le Simplon, qui semblerait devoir être considérable, n'a aucune importance, et n'occupe que quelques individus. Au reste, le Valaisan est simple dans ses goûts comme dans ses mœurs. La grande quantité de bêtes à cornes qu'élèvent les montagnards, permet cependant la vente hors du pays d'une certaine quantité de beurre et de fromage. Les forêts, presque toutes communales, ont été de tout temps fort négligées, et n'ont guère été utilisées que pour l'usage particulier des bourgeois propriétaires. Le dernier règlement forestier mettra sans doute un terme à cet état de choses. Quelques entrepreneurs exploitent cependant depuis quelques années les forêts du canton : le Rhône leur sert de voie de transport, et les bois arrivent au Léman, d'où ils sont dirigés sur Vevey ou Genève. — On expédie aussi une certaine quantité de vins dans les cantons voisins : cette exportation prend des proportions considérables quand la récolte vaudoise manque. On cultive le mûrier à Monthey, à Saint-Maurice et à Sion. — La plupart des montagnards du Haut-Valais tissent eux-mêmes la laine de leurs troupeaux, pour s'en faire des vêtements. La verrerie de Monthey est l'établissement industriel le plus important du canton : il occupe une foule de bras. La papeterie de Vouvry et la fabrique de clous de Saint-Gingolph méritent aussi une mention.

— Le gouvernement avait introduit, il y a quelques années, le tressage de la paille ; mais les produits de cette industrie manquent de débouchés.—En traversant la vallée du Rhône, on voit dans le Haut-Valais, à mi-côte des montagnes, des lignes horizontales qui en coupent les flancs, souvent sur une grande étendue. Ce sont des *bisses*, ou canaux, construits par les gens des localités voisines et destinés à amener les eaux sur des pentes menacées de stérilité. Des étangs reçoivent, de distance en distance, ces eaux, qui s'écoulent ensuite par des écluses dans toutes les directions : tels sont les réservoirs de Levron, de Visperterbinen, de Bistiner, etc.

AGRICULTURE. — L'agriculture et l'élève des bestiaux sont les principales, pour ne pas dire les seules occupations du peuple valaisan. Les troupeaux occupent environ 3,000 personnes, lorsqu'ils se transportent dans les pâturages des Alpes. La partie du sol valaisan que l'on cultive est très fertile, et suffit à la consommation des habitants. Par suite du défaut de digues, ou de l'insuffisance de celles qui existent, les terres cultivées ne sont guère à l'abri des inondations ; lors des grandes chaleurs, les glaciers dégorgent des quantités d'eau extraordinaires, le Rhône s'enfle, et couvre de limon et de gravier tout ce que ses flots peuvent atteindre. Ces désastres incessants sont de nature à arrêter ou à comprimer l'essor de l'agriculture. — Parmi les améliorations les plus fécondes, entreprises depuis peu d'années, nous citerons le partage et le défrichement des biens communaux. — Les assolements s'introduisent peu à peu, en remplacement de ce procédé de culture qui voulait que la même céréale revînt sans cesse dans le même champ. La culture de la vigne subit aussi de grandes améliorations. Les vins du Valais sont estimés; quelques-uns même, tels que la Malvoisie de Sierre et de Vétroz, peuvent soutenir la comparaison avec les vins d'Espagne. — Les arbres fruitiers sont nombreux en Valais ; on remarque surtout les noyers, qui atteignent des dimensions considérables, et fournissent une huile d'une bonne qualité. La culture du safran a été abandonnée, pendant que celle du tabac prospère dans les environs de Sion.

Caractère, Mœurs, Usages. — Le Valaisan est en général bon, simple et naïf. Pénétrez dans ces vallées profondes, creusées dans les Alpes valaisannes, vous y trouverez chez le peuple une cordiale hospitalité, des mœurs pures. Les lois hiérarchiques de la famille y sont sévèrement observées; le vieillard y jouit de la vénération de ses descendants. La voix du pasteur ne s'élève jamais en vain sous ces toits rustiques : l'humble curé de village est consulté dans toutes les occasions importantes. A l'ombre de ces sapins séculaires naît et grandit une race forte et vigoureuse, que n'a point encore altérée le contact des étrangers. Quelques ombres ternissent sans doute ce tableau, mais il n'en est pas moins attrayant, et ne présente pas moins la vie pastorale dans toute sa simplicité. — Comme on le pense bien, les mêmes caractères ne distinguent plus les populations de la plaine. Cette différence se fait principalement sentir dans le Bas-

Valais, dont les populations se rapprochent fortement de celles de la Savoie et du canton de Vaud, tandis que les Haut-Valaisans, plus rudes et plus austères, conservent encore les traits distinctifs du caractère national.

Les cérémonies religieuses ont un grand charme pour les Valaisans, en général fort attachés à leur religion. D'agrestes oratoires, des ermitages solitaires s'élèvent partout, dans la plaine, sur les rochers, dans les forêts.

Les églises paroissiales, surtout dans certaines vallées, sont des modèles d'élégance et de bon goût.

Les anciens Valaisans soutinrent de longues luttes pour conquérir leur indépendance : grands et courageux, ils rongeaient en frémissant le frein que leur imposaient des vainqueurs. Tenaces à l'excès, ils ont poussé la passion du régime démocratique jusqu'à admettre comme légal l'ostracisme dont ils frappaient ceux de leurs concitoyens qui leur portaient ombrage.

L'usage s'est perpétué dans la partie allemande du canton de représenter en plein air des comédies ou drames, dont les acteurs sont pris parmi le peuple et dirigés le plus souvent par le curé de l'endroit. Tæpffer, dans ses *Voyages en zigzag*, a décrit avec beaucoup de charme l'une de ces représentations, à laquelle il eut la bonne fortune d'assister à Stalden (vallée de Viége) en 1839.

Le costume national varie avec chaque vallée ; ici, raide, empesé ; là, gracieux et charmant. Dans la plaine, il s'efface chaque jour et disparaît insensiblement. La partie la plus originale de ce costume, c'est la coiffure.

HOMMES CÉLÈBRES. — Le cardinal *Mathieu Schinner* est la plus grande figure de l'histoire du Valais, peut-être même de l'histoire de la Suisse. Né pauvre, obscur, dans un chétif hameau de la vallée de Conches, il s'éleva, par ses talents et ses actions, plus haut qu'aucun autre de ses compatriotes, et, pendant un quart de siècle, attira sur lui les regards de l'Europe. La nature l'avait richement doté : il était éloquent, d'une éloquence mâle et terrible, mais sans onction. Vainqueur une dernière fois des Français, il expire à Rome le 30 septembre 1522. Ses cendres y reposent encore dans l'église Sainte-Marie *della Pietà*. — *Thomas Platter*, né en 1499 à Grœchen (vallée de Viége), n'a pas fourni une carrière moins orageuse, quoique dans un champ plus modeste. D'abord misérable gardeur de chèvres, il s'éleva, par ses talents, à l'emploi de professeur de grec à l'Université de Bâle. Ses *Mémoires* sont précieux, en ce qu'ils offrent un tableau fidèle des mœurs du temps, et principalement de celles des étudiants. Le même village a produit *Simon Steiner*, plus connu sous le nom de *Lithonius*, professeur de belles-lettres et grecques à Strasbourg, où il mourut en 1543. — Parmi les hommes éminents qui ont occupé le siége épiscopal de Sion, nous citerons *Walter de Supersaxo*, qui arracha le Bas-Valais des mains des ducs de Savoie; *Hildebrant Jost*, qui introduisit en Valais le calendrier grégorien, etc. Les seigneurs de *Rarogne* et *de la Tour Châtillon* se sont fait un nom dans l'histoire, par leur puissance, et la longue lutte qu'ils soutinrent, soit contre les patriotes, soit entre eux.

Aux temps plus modernes appartiennent : *Antoine de Quartéry*, de Saint-Maurice; un de *Lovinaz*, de Sierre, précepteur de l'empereur Charles IV; le chanoine *Wagner*, de Geschinen, précepteur de l'empereur d'Autriche Joseph II ; *Nicolas Dufour*, prévôt de Nicolsberg en Moravie, et agent diplomatique du même empereur; *Rodolphe de Vantéry*, l'un des secrétaires du Concile de Bâle ; *Gaspard Bérodi*, de Saint-Maurice, poète et historien ; *Philippe de Torrenté*, bourgmestre de Sion, jurisconsulte estimé ; *Gaspard Ambuel*, médecin distingué; *Charles-Emmanuel de Rivaz*, grand-baillif et membre du corps législatif de France ; le vicaire *Clément*, de Champéry, naturaliste; le chanoine du Saint-Bernard *Murith*, mort en 1818, savant botaniste et auteur d'un *Guide du Botaniste, en Valais*, etc.

VILLES, VALLÉES ET AUTRES LIEUX REMARQUABLES. — *Sion*, capitale du canton, siège des autorités cantonales, civiles et ecclésiastiques. Cette ville, l'une des plus anciennes de la Suisse, est située à peu près au centre du Valais, à une faible distance du Rhône.

Le voyageur qui se dirige de Martigny sur Sion,

laisse à sa droite, une demi-heure avant d'arriver à cette ville, les étangs de Corbassières, qui réfléchissent dans leur sein les plantes aquatiques qui les entourent et les collines qui les dominent. Tout à coup, la route, par un brusque contour, dépasse le rocher, et Sion apparaît soudain comme évoquée par la baguette d'un magicien. La ville s'assied au pied de deux hautes collines, couronnées de constructions anciennes et modernes ; les maisons en descendent doucement, pour s'épandre dans la campagne. Comme deux sentinelles placées au sommet d'un donjon, la *Majorie* et *Tourbillon* regardent, du haut de leurs créneaux, la plaine avoisinante, et semblent épier l'approche de quelque bannière ennemie. Sur la colline voisine, qu'une profonde scissure sépare de Tourbillon, s'élève Notre-Dame de Valère et quelques édifices de récente construction. Des milliers d'arbres cernent de tous côtés la cité, et tranchent vivement sur le fond mat des rochers. — Sion perd insensiblement sa physionomie de ville du moyen-âge qu'elle a conservée si longtemps ; les remparts ont disparu en grande partie, pour faire place à des édifices modernes. Les tours qui flanquaient la muraille sont tombées sous le marteau des démolisseurs, entraînant dans leur chute tout un monde de souvenirs.

Le *Château de Tourbillon* fut bâti en 1294, par Boniface de Challand. Il couronne une colline escarpée, à laquelle sa guirlande de créneaux forme comme un diadème. Un incendie terrible dévora, en 1788, l'intérieur de cette résidence, dont il ne reste plus que les murailles extérieures. De Tourbillon, la vue embrasse la plaine du Rhône depuis Loëche jusqu'à Martigny. D'un côté, la tour de la Bâtiaz, de l'autre, le château de Loëche marquent les limites du panorama. Des forêts immenses apparaissent de tous côtés, par-dessus lesquelles s'élèvent la flèche d'un clocher ou la girouette armoriée des manoirs des de la Soie, de Saillon, de Platéa. A gauche, la verdoyante colline des Mayens fuit doucement, pendant que, vers la droite, *Montorge* s'avance hardiment dans la plaine, couvrant de vignes l'âpre nudité de ses pentes. — Sur une arête de rocher qui se détache de Tourbillon en s'abaissant vers la ville, s'élève le *château de la Majorie*. L'autre colline, qui domine également Sion, porte l'*église de Valère* et le Séminaire cantonal. L'église, la plus ancienne du pays, remonte en partie au 8ᵉ siècle. Des stalles, véritable chef-d'œuvre de sculpture, un jubé encore intact, des chapiteaux de colonnes curieusement fouillés par le ciseau d'un artiste original, en font le principal ornement. Un peu plus bas s'élève la pittoresque *chapelle de Tous-les-Saints;* et enfin, sur une esplanade qui dépend encore de la colline de Valère, le clocher de l'*église du Lycée*, édifice moderne, qui renferme deux tableaux de Della Rosa.

Voici enfin la ville proprement dite, avec ses édifices modernes, ses rues larges et bien dessinées, son palais épiscopal, son hôtel du gouvernement, son arsenal, ses églises, etc. L'*Hôtel-de-Ville* s'élève dans la rue principale : il est surmonté d'une tour carrée. L'intérieur de l'édifice offre des inscriptions romaines, des portes et de belles salles ornées de sculptures remarquables ; la salle où s'assemble le Grand Conseil renferme des tableaux d'*E. Richard*, élève de Rubens. — La *Cathédrale* remonte au 11° siècle, mais ne fut achevée que par le cardinal Schinner. Le clocher est plus ancien, car il faisait partie de l'église de Notre-Dame du Glarier, sur l'emplacement de laquelle s'est élevé l'édifice actuel. L'intérieur de la cathédrale n'offre rien de bien remarquable. Quelques autels latéraux récents, le tombeau de l'archevêque André de Gualdo, de curieux morceaux de sculpture, attirent un instant l'attention. — L'*Eglise de Saint-Théodule*, placée tout à côté, présente un autre aspect : l'intérieur en est triste, délabré. A l'extérieur, le chœur se présente très-bien avec ses niches sculptées, ses clochetons finement découpés, et ses longues fenêtres aux capricieuses arabesques. Schinner, qui fit reconstruire en partie cette église, y a religieusement déposé les cendres de son oncle, comme lui évêque de Sion.

Sion se déroule parallèlement à la Sionne, qui coule dans un lit muré, dont la voûte forme le sol de la principale rue, le *Grand-Pont*. La ville se divise en quatre quartiers. Les marchés hebdomadaires de Sion sont très-fréquentés par les gens des vallées voisines, notamment par ceux de la vallée d'Hérens.

Dans les environs de la ville, l'*Hôpital* étale sa triple façade ; le *Couvent des Capucins* s'abrite sous un tilleul immense ; et la *Tour des Sorciers* s'isole au sein d'un bouquet de noyers. La place d'armes de *la Planta* se déroule aux portes de Sion ; c'est là et sur la colline voisine qu'eut lieu la célèbre bataille où les patriotes, aidés des Bernois et des Soleurois, défirent l'armée savoisienne, le 13 novembre 1475.

De Sion, une route bordée de noyers et d'ormeaux conduit à *Bramois*, en passant le Rhône, et a travers la monotone plaine de *Champs-secs*. L'*Ermitage de Longeborgne* n'est plus alors qu'à une faible distance. On y parvient par un chemin rocailleux, au bas duquel mugit la Borgne. L'ermitage est entièrement taillé dans le roc vif. Des vignes, un jardin, péniblement établis sur les rochers, embellissent les alentours.

BRIGUE ET LA VALLÉE DE CONCHES. — Brigue est placé à l'extrémité de la grande vallée du Rhône, à l'endroit où s'entrecroisent la route du Simplon et celle de la vallée de Conches. Malgré cette circonstance favorable, la ville est assez morne. Les globes de fer blanc qui étincellent sur ses toits lui font un aspect singulier, qui n'est pas sans analogie avec celui que présentent les villes orientales. Les environs offrent des points de vue charmants ; une multitude de chalets couvrent les collines ; au nord apparaît le glacier d'Aletsch. L'*Eglise du collège* domine la ville de ses murailles grisâtres : l'intérieur est d'une rare magnificence. Des vitraux coloriés, quelques tableaux estimés, un riche pavé de marbre, en font une des belles églises de la Suisse. Plus bas, la grande maison *Stockalper*, flanquée de tours et de tourelles. Un théâtre, un hôpital fortement endommagé par un tremblement de terre, en 1850, se font aussi remarquer. — Une avenue bordée de peupliers conduit en droite ligne de Brigue à *Glyss*, situé à une faible distance. On va voir dans l'église paroissiale de ce village une chapelle construite par Georges Supersaxo.

La route qui conduit dans la vallée de Conches franchit le Rhône et touche, en passant, au village de *Naters*, puis, elle s'enfonce dans un couloir étroit, au fond duquel le Rhône blanchit les rochers qui l'encaissent. Peu à peu la vallée s'élargit, les prairies apparaissent, et, à partir de *Niderwald*, la contrée présente un aspect gracieux. Les habitations de la vallée de Conches sont peut-être les plus belles du Valais, tant elles sont propres et coquettes. La population, forte et bien constituée, présente un type remarquable. — De *Fiesch*, un chemin pénible conduit à l'*Œggischhorn*, montagne isolée, d'où l'on peut contempler le glacier d'Aletsch, qui n'a pas moins de six lieues d'étendue, et le massif des Alpes Bernoises, du haut desquelles il descend. Une partie des eaux de cette immense mer de glace s'écoule dans le lac Meryelen, sur la surface duquel flottent et s'entrechoquent péniblement d'énormes blocs de glace d'un aspect singulier. On a, derrière soi, la chaîne des Alpes Valaisanes, le Mont-Rosa, le Cervin, le Weisshorn. A droite, s'élève la double cime qui a donné à la Furka son nom, le Galenstock, le Gerstenhorn, le Gelmerhorn, etc. — A *Ulrichen,* village situé vers l'extrémité de la contrée, on remarque deux croix de bois qui rappellent l'une et l'autre un combat livré sur les lieux. — Enfin, on arrive à *Oberwald,* le dernier hameau de Conches, qu'une distance d'une lieue et demie sépare du glacier du Rhône. Arrivée là, la route se bifurque : un chemin conduit à la Furka, l'autre à l'hospice du Grimsel.

LE SIMPLON. — Si le Valais est riche en merveilles de la nature, il présente aussi une merveille de l'art : nous voulons parler de la route du Simplon. Cette entreprise magnifique a servi de modèle aux autres travaux de ce genre. Destinée, dans l'esprit de son fondateur, à relier l'empire français au royaume d'Italie, et à servir principalement au passage des troupes, elle ne remplit plus son but principal, et le transit même y est de peu d'importance. La chaussée a toujours de 25 à 30 pieds de largeur ; dix galeries lui donnent passage dans les rochers. Neuf maisons de refuge, vingt-deux ponts, trente et une cascades embellissent le paysage ou contribuent à augmenter la sécurité des voyageurs.

A partir de Brigue, la route se dirige vers l'est, puis s'enfonce dans la vallée de la Saltine, laissant derrière elle Brigue et la vallée du Rhône ; cette partie du trajet offre une belle vue sur les Alpes Bernoises et le glacier d'Aletsch. Au bout de six heures, on atteint l'Hospice, fondé par Napoléon et achevé par les religieux du Saint-Bernard. Il est situé sur un plateau, à 6,100 pieds au-dessus de la mer : le sol est aride et à peine gazonné ; les âpres cimes donnent au paysage un caractère de tristesse et de grandeur. Après plusieurs heures de marche, on pénètre dans la vallée de *Gondo* par la galerie d'*Algaby :* les roches se resserrent, plus d'habitations. La galerie de Gondo, longue de 683 pieds, ouvre plus loin son sein ténébreux. Au sortir de ce tunel, l'*Alpirnachbach* se précipite avec fracas et couvre de sa blanche écume les rochers qui surplombent la route. On erre ensuite longtemps dans ces solitudes ; puis l'on atteint le village de *Gondo*. Les rochers se rapprochent ensuite jusqu'au pont de *Crevola*, d'où l'Italie apparaît tout à coup, avec ses vignes, ses villages aux maisons blanches, sa végétation magnifique et son ciel éclatant.

VALLÉE DE VIÉGE. — La vallée de *Viége*, la plus intéressante sous bien des rapports de toutes celles du Valais, renferme des beautés de premier ordre. Chaque année, les étrangers s'y précipitent en foule, pour venir admirer l'étendue et la beauté de ses glaciers. A son extrémité, une multitude de pics s'arrondissent en un cirque immense. Au pied de ces vastes solitudes se groupent des habitations, au milieu de bosquets d'arbres fruitiers. Les sapins des forêts touchent, par leurs racines, aux limites de l'océan glacé. Le *Mont-Cervin*, pic inaccessible, d'un seul jet s'élance à 5,000 pieds au-dessus du glacier de *Furken*, et la neige ne peut qu'à peine s'attacher à ses parois. Cet immense obélisque, à quatre faces, atteint 13,853 pieds au-dessus de la mer; et telle est sa structure, qu'il semble dominer le *Mont-Rosa* lui-même, qui le dépasse pourtant de quelques centaines de pieds. On n'entend de toutes parts que la voix des eaux et des forêts, que le tonnerre de l'avalanche, que les sourds craquements des glaciers.

C'est de *Viége* que l'on s'enfonce dans la vallée, profonde de 9 lieues, à l'extrémité de laquelle on peut contempler la chaîne du Rosa. — A Stalden, au pied de l'église pittoresquement juchée sur une éminence, la route se bifurque : l'une des branches aboutit au *Monte-Moro*, par la vallée de *Saas;* l'autre se dirige à droite et conduit à *Zermatt*, en longeant la Viége. Cette route est des plus pittoresques. *Randa*, assise au pied du Weisshorn, *Tœsch*, au milieu de prés fleuris, et quelques autres petits villages, enferment de temps à autre le chemin entre deux haies d'habitations.

A Zermatt, deux hôtels, confortablement établis, reçoivent les voyageurs. De là, on se dirige sur le *Riffelberg*, dont le sommet porte le nom de *Gornergrat;* c'est une montagne placée comme un belvédère dans le cirque formé par la chaîne du Mont-Rosa. On a alors, à l'ouest, le *Mont-Cervin*, à sa gauche, le passage de Saint-Théodule, puis le *Breithorn* (12,730), les *Jumeaux* (12,614), le *Lyskamm* (13,074), le *Mont-Rosa*, masse neigeuse et hérissée de pics, dont l'un d'eux, s'élève à 14,220 pieds. C'est la plus haute cime que l'on distingue de là ; elle n'est inférieure que de 510 pieds au Mont-Blanc. Se déroulent ensuite la *Cima di Jazzi* (13,210), le *Mischabel* (14,010), quelques sommités des Alpes bernoises, telles que le *Doldenhorn*, le *Weisshorn*, (13,900), le *Gabelhorn* et la *Dent Blanche* (13,421), que le col d'Evolène relie au Mont-Cervin.

LOECHE ET LES BAINS. — A cinq lieues de Sion, et à peu de distance de la grande route, est bâti à mi-côte le bourg de Loëche, d'où l'on domine la grande plaine du Rhône. A droite du bourg, la Dala sort frémissante d'une fissure de la montagne, et se plonge à quelques pas de là dans le Rhône. Ce fleuve redoutable s'éloigne en contours gracieux, modifiant à son gré la nature du sol, minant ses rivages ; on peut le suivre des yeux jusqu'à Sion, où il se dérobe derrière les collines qui dominent la ville. En face de Loëche, s'étale la forêt de *Finges*, qui remonte la montagne opposée, et cache à l'ombre de ses sapins les restes des Valaisans, qui y succombèrent en 1799. D'un autre côté, l'œil s'arrête curieusement sur le joli village de *Varrone*, assis sur une corniche de rocher. — Loëche était une localité importante du Valais épiscopal ; les Diètes s'y assemblèrent à plurieurs reprises. Sa position était très-forte, car l'on n'y pouvait parvenir que par deux ponts que commandaient de hautes tours, celui de la Dala et celui du Rhône.

C'est du bourg de Loëche que part la route à char qui conduit au célèbre établissement de bains, situé au fond de la vallée. Cette chaussée, s'élève insensiblement jusqu'à la hauteur de la *chapelle de Sainte-Barbe*, d'où elle s'enfonce dans la montagne, se dirigeant sur *Inden*, et de là sur les bains. Les flancs roides et escarpés des vallons, les cascades qui tombent du haut des rochers, les aqueducs, la Dala si bruyante, tout imprime au paysage un caractère de pittoresque grandeur. Un pont, jeté à grands frais à 145 pieds au-dessus du lit du torrent, et s'appuyant sur un énorme pilier de maçonnerie, transporte la route sur le versant gauche de la vallée; il a remplacé un ancien pont de bois qu'on devait aller chercher au fond de cette gorge. D'Inden, joli village assis sur un replis du Rumling, la route s'enfonce dans le vallon de *Châtelard*; c'est la partie la plus sauvage du trajet. Enfin, au bout de quelques instants, l'on aperçoit tout à coup, au milieu des prairies, le village des Bains de Loëche. A gauche, la longue muraille des rochers de la Gemmi ferme l'horizon, tandis qu'à droite une forêt dessine les formes de la montagne et envoie ses derniers sapins près du village.

Les Bains de Loëche sont très-fréquentés pendant la saison des eaux. Confondus dans le plus grand pêle-mêle, sans aucune distinction, dans le même carré, ceux-ci sont tous uniformément vêtus de longues chemises de flanelle, c'est un coup-d'œil unique. Des cabinets particuliers reçoivent les malades auxquels ce système répugnerait par trop.

Les environs du village offrent des promenades charmantes; les échelles d'*Albinen*, le glacier de *Balm*, la cascade de la *Dala*, le *Gukerhubel*, etc. Les amateurs de vastes panoramas se rendent au *Torenthorn*, d'ou l'on découvre tout un monde de pics fuyant vers le Mont-Blanc et le Mont-Rose. De Loëche, une route très-intéressante conduit par la Gemmi dans le canton de Berne. La route s'élève par d'ingénieux détours contre les flancs perpendiculaires de la Gemmi. Un précipice béant s'ouvre sur toute la longueur du parcours aux côtés du voyageur; de frêles barrières courent dans les endroits difficiles, le long du rocher. On arrive enfin sur le plateau de Schwarbach, où se trouve cette auberge dont Werner a fait le théâtre de son drame du *21 février*. De ce point, l'on descend dans la vallée bernoise de Kandersteg.

LE GRAND SAINT-BERNARD — L'hospice du Saint-Bernard, fondé par Bernard de Menthon, est situé à 7,542 pieds au-dessus de la mer. Un chemin aride et rocailleux, s'élevant insensiblement depuis *Orsières*, gagne des régions plus élevées, et conduit le voyageur dans le petit vallon où se trouve ce lieu de refuge. L'établissement se compose d'un grand bâtiment, renfermant l'église, les chambres des religieux et celles destinées aux voyageurs ; un autre édifice moins grand est destiné à loger les femmes. Le site est funèbre ; il est rare qu'il ne soit pas couvert de neige. Un petit lac étend ses eaux dormantes au pied de l'hospice : les cimes gigantesques du *Velan*, de *Chenalettaz* et de *Cronaz* s'y reflètent en masses grisâtres. Non loin de là, un petit bâtiment attire les regards : c'est la *Morgue du Saint-Bernard*, où l'on entasse, dressés contre les parois, les cadavres des malheureux que la mort a surpris sur la montagne. — L'église du couvent renferme un mausolée en marbre blanc, qui contient les restes de Desaix, tué à Marengo. Une table de marbre, placée dans l'un des corridors, rappelle le passage de Napoléon. — Année commune, 10,000 voyageurs traversent le Saint-Bernard ; tous ont droit d'être hébergés gratuitement pendant trois jours ; mais les personnes aisées déposent dans le tronc de l'église l'équivalent de leurs dépenses. Les religieux vont, en hiver, à la recherche des voyageurs égarés dans les neiges ; de vigoureux chiens, d'une race particulière, les accompagnent et leur sont d'un grand secours.

La Pissevache. — *Martigny* est situé au pied du rocher de Ravoire, à l'entrecroisement des routes de Chamonix, du Saint-Bernard, de Saint-Maurice et de Sion. Le château de la Batiaz, qui le domine, plonge sur tout le Valais, et semble ne faire qu'un avec les rochers qui le supportent. A une lieue plus bas, sur la route de Saint-Maurice, s'ouvre dans le rocher une étroite fissure, par où débouche le Torrent du *Trient*. — La cascade de la Pissevache n'est plus qu'à une faible distance. L'air gémit sous le poids de cette masse d'eau qui se précipite entre les anfractuosités de la montagne, retombe et s'évanouit en pluie argentée.

A son lever, le soleil colore cette cascade de mille feux. Le paysage d'alentour est nu et stérile. Le Rhône reçoit les eaux de la rivière.

SAINT-MAURICE. — Cette petite ville est située à la base de l'un des contreforts de la *Dent du Midi*. Le fleuve et le rocher l'enserrent. En face, la chaîne des Alpes vaudoises ferme l'horizon, tandis que la *Dent de Morcles* pyramide vers le ciel à côté de la cime du *Midi*. Un pont, d'une seule arche, soude à leur base ces deux montagnes, et établit la communication entre le canton de Vaud et le Valais. Il était autrefois orné d'une chapelle pittoresque, détruite en 1847. Vers le sud, la plaine s'agrandit. Un éboulement considérable a, dans des temps reculés, changé la face du sol et chassé le Rhône jusqu'au pied de la Dent de Morcles. Ici s'est accompli le martyre de saint Maurice et de sa valeureuse légion. Une modeste chapelle en rappelle le souvenir. Plus haut, apparaît l'*Hermitage de Notre-Dame de Scex*. De ce point, on domine Saint-Maurice et les campagnes d'alentour, riches de champs et de cultures, le Rhône traversant la plaine, les bains de Lavey, le village du même nom, le Bois-Noir, et quelques petits hameaux cachés dans la forêt ou assis sur une éminence.

La ville de Saint-Maurice offre peu de monuments remarquables. L'hôtel-de-ville, avec son insciption : *Christiana sum ab anno LXIII* ; l'hôpital de Saint-Jacques, fondé par Conrad-le-Pacifique ; l'église paroissiale, attirent un moment l'attention. La célèbre abbaye de Saint-Maurice est située dans la ville même : c'est un grand bâtiment peu élevé, avec de vastes corridors, une bibliothèque, des archives précieuses, un musée et un gymnase. L'église abbatiale, adossée au couvent, est décorée avec goût : on y admire des stalles magnifiquement sculptées, de beaux autels et quelques bons tableaux. La *Chapelle du Trésor* cache aux regards des reliques précieuses et des objets d'art d'un travail merveilleux : tels sont la châsse renfermant les ossements de saint Maurice ; une mitre couverte de pierreries, présent de l'anti-pape Félix V ; l'anneau de saint Maurice, curieux spécimen de l'orfévrerie romaine ; un vase de sardonyx, qui fut donné au monastère par Charlemagne. On remarque aussi une aiguière envoyée au même empereur par le calife Haroun-al-Raschid : ce vase précieux, exécuté en or le plus pur, présente des ornements d'un style oriental. — Le clocher de l'abbaye est remarquable par son antiquité :

Le château de *Saint-Maurice* s'élève au plus étroit du défilé, à quelques pas de la ville ; il domine le pont et commande entièrement le passage. On voit sur les mamelons voisins, et notamment sur l'*Arsilliez* et les *Fingles*, des ouvrages de fortifications, les uns tout modernes, les autres d'une époque plus reculée.

Monthey, chef-lieu du district du même nom. Ce bourg est délicieusement situé au débouché du *Val d'Illier*. La grande route fait, en venant de Saint-Maurice, un brusque contour et s'éloigne diamétralement du Rhône qu'elle rejoint ensuite et côtoie jusqu'au Léman. Monthey, dont les toits apparaissent à peine, s'éveille chaque semaine, le jour du marché, au tumultueux encombrement de sa grande place. Les montagnes qui, de deux côtés, bordent la Vièze, s'abaissent vers le bourg en se couvrant de taillis et de blanches maisons. Tout semble se réunir pour rehausser l'aspect déjà si agréable de Monthey; à droite *Choex* et son presbytère solitaire; en face, les Alpes vaudoises; à leur pied, Bex, Ollon, Aigle et le vignoble d'Yvorne; à gauche, le Léman recevant les eaux du Rhône près du village du Bouveret, puis le Jura se dessinant vaguement à l'horizon. Le bourg de Monthey a de beaux bâtiments, une verrerie en pleine activité, et un vieux château. L'Eglise paroissiale est belle; elle se distingue par l'ampleur de ses proportions et la richesse de ses ornements; de gigantesques colonnes de granit en supportent le portique.

La Vièze, rivière dangereuse, qui rase les murs

de Monthey et en dévaste souvent les champs, descend du *Val d'Illier*, petite vallée profonde d'environ cinq lieues, communiquant avec la Savoie par le col de Coux et par la vallée de Morgens. Les pics du Midi dominent la contrée, tandis que sur leurs pentes inférieures, de riantes habitations, des villages coquets s'échelonnent entre des cascades et des paysages curieux. Là vit une peuplade d'une taille élevée, aux mœurs simples, à la probité antique, qu'une tradition fait descendre d'une colonie de soldats romains. Le costume national, s'y conserve dans toute sa pureté. Les femmes sont d'une beauté peu commune ; elles savent au besoin, pour traverser les neiges ou soigner les bestiaux, se servir des vêtements de l'autre sexe. *Chambéry*, à l'extrémité de la vallée, présente l'aspect des villages bernois.

FIN

Limoges. — Imp. Marc BARBOU et Cie.

www.ingramcontent.com/pod-product-compliance
Lightning Source LLC
Chambersburg PA
CBHW060230190426

43198CB00049B/1646